資産を100倍にする

「株鬼流」仕掛けの超基本

伝説のカリスマ相場師
ザ・株鬼

かんき出版

本書では、各銘柄の価格を２０２０年までの株式併合後および分割後の価格に訂正して表記しています。

なお、本書の内容は著作権ですべて保護されていますので、営利目的の無断転載および引用を固く禁じます。

はじめに

本書は、2016年に刊行し、反響の大きかった『資産を100倍にする「株鬼流」株式投資 真の教え』を改訂したものです。

「投資初心者でも、よりわかりやすいものを」という声を受けて、**株鬼流を知らない読者でも理解しやすい**ように大幅に書き換えました。

そのため**これから株式投資を始めるという人にも大いに活用していただける**一冊になっていると思っております。

ここで少し「株鬼流」について簡単にお伝えしましょう。

株鬼流とは、私が証券会社に勤めていた時代から長年にわたって続けている相場研究の中で、独自に構築してきた技術にもとづく投資法です。

日々の**膨大なローソク足チャートを徹底的に分析、算出した数字から生まれたテクニカル投資手法**であり、本書の中でも具体的なチャートの実例を豊富に用いて解説しています。

いつからかこのオリジナルの技法を学びたいという人が増え、気がつけば「門下生」は

２５００人を超えました。内弟子の多くは**資産１００倍を実現**しており、なかには**30万円の元手を5億円にまで増やした猛者**もいます。


私にとって、強い足は「美しく」見えます。

強きものは美しい。美しきものは強い。

その美しい足を見極めるのが株鬼流の真髄です。


なかなか先の読めないこの時代ですが、株鬼流の技術をもってすれば、たとえ**１０００年に一度の危機であっても、負けを回避して勝ちにいくことは可能**です。

それは、あの歴史的なリーマンショックの影響による下げ相場においても、株鬼流の基本を忠実に守った一門が大きな打撃を受けずに資産を守り抜き、勝ち残ったことでも証明されています。どんな世の中であっても、どんな地合いであっても、**株鬼流の確かな技術にもとづくテクニカル手法はあらゆる場面で通用する**ものなのです。


株鬼流の基本は強気の「攻め」です。この強気の姿勢をもとに本書では、株鬼流の株式投資における考え方から仕掛けの基本的な技術まで余すところなく解説しています。

第１章では株鬼流の株式投資の基本的な考え方をお伝えします。株鬼流のチャートを駆使した、確かな技術にもとづくテクニカル投資法についての紹介です。

第2章では株式チャートの見方について、続く**第3章では株鬼流のチャートチェックの方法**について詳しく解説しています。

そして、**第4章では株式チャートの必勝パターン**を紹介し、**第5章では仕掛けから手仕舞いまでの流れ**を1つずつ丁寧に解説しています。

さらに**第6章では勝つためにやるべき鉄則**、**第7章では負けないためにはやってはいけない禁じ手**を解説しています。これらを知っておくだけで勝ちにつながり、また大きく負けることを防ぐことになるでしょう。

ぜひ株鬼流の手法をマスターし、みなさんも資産を100倍、1000倍に増やしてください。

本書とあわせて、初公開の「売り」の手法を含めたテクニックを詳しく解説した既刊**『資産を100倍にする「株鬼流」仕掛けの全技術』**をお読みいただければ、さらに理解が深まるでしょう。

それでは、「株鬼流」仕掛けの超基本の講義を始めましょう。

2021年10月

ザ・株鬼

資産を100倍にする「株鬼流」仕掛けの超基本・目次

はじめに　3

「株鬼流」仕掛けの基本用語　12

Kabuki's Basic

第1章 「株鬼流」仕掛けの超基本

1-1・「株鬼流」は究極のテクニカル投資法　20

1-2・「株鬼流」にとって株式投資は戦いである　22

1-3・「株鬼流」は高値で仕掛けて、より高値で手仕舞う　24

1-4・「株鬼流」は強気と確かな技術で仕掛ける　27

1−5 ▪ 「株鬼流」は流動性が高い一番手の銘柄に仕掛ける 30
1−6 ▪ 「株鬼流」は前段を読んでから仕掛ける 33
1−7 ▪ 「株鬼流」は地合いにかかわらず仕掛ける 36

Kabuki's Basic

第2章 「株鬼流」株式チャートの見方

2−1 ▪ 株式チャートに現れる強弱を見る 40
2−2 ▪ ローソク足の基本的な見方 42
2−3 ▪ 上ヒゲと下ヒゲの意味を読み解く 46
2−4 ▪ 安値切り上げの「ケツ上げ」に注目する 48
2−5 ▪ 寄り付きの始値が1日で最も重要な株価 50
2−6 ▪ トレンドはローソク足の比較で見極める 54
2−7 ▪ 「節」と「大節」の捉え方 58
2−8 ▪ 移動平均線の押さえ方 62

Kabuki's Basic

第3章

「株鬼流」チャートチェックの基本

3-1 ■「株鬼流」でターゲットとする銘柄の条件 66
3-2 ■「株鬼流」のチャートチェックとは? 68
3-3 ■株鬼流で最も重要なチャートパターン「N」 70
3-4 ■CCで「BC」と「BC30」の見方を身につける 72
3-5 ■「押さない、詰まった、ケツ上げ」を探す 75
3-6 ■「出来高」急増の銘柄を探す 77
3-7 ■信用取引の取組み状況を確認する 82
3-8 ■仕掛け動機と仕掛けポイントを見つける 84
3-9 ■値幅測定をして目標株価を設定する 86

Kabuki's Basic

第4章

「株鬼流」株式チャートの必勝パターン

4−1・なぜチャートのパターンを重視するのか？ 90
4−2・必勝パターン①「BC30」 92
4−3・必勝パターン②「BCブリッジ」 98
4−4・必勝パターン③「2日T」 104
4−5・必勝パターン④「ソーサー」 110
4−6・必勝パターン⑤「W」 115

Kabuki's Basic

第5章

「株鬼流」仕掛けから手仕舞いまでの流れ

5−1・「株鬼流」における7つの仕掛け手順 122
5−2・月足と週足でトレンドを確認する 125
5−3・上昇に必要な出来高を確認する 129

5-4 ■ 週足でTPを測定する 132
5-5 ■ 信用取引の取組み推移をチェックする 136
5-6 ■ 番手か先頭かを確認する 138
5-7 ■ 仕掛け動機と仕掛けポイントを確認する 141
5-8 ■ ケツ下げしたら手仕舞いする 143

Kabuki's Basic

第6章 「株鬼流」勝つためにやるべき鉄則

6-1 ■ LC（ロスカット）を徹底する 148
6-2 ■ カラ売りできる銘柄をターゲットにする 150
6-3 ■ 大口の投資家が参戦する相場につく 152
6-4 ■ 上ヒゲが出たら翌日は高寄りが必須条件 154
6-5 ■ つねに「OAHKの法則」 155
6-6 ■ 「同値一文の法則」で急上昇につく 157
6-7 ■ ダメな足は避けるかカラ売りする 160

Kabuki's Basic

第7章

「株鬼流」負けないためにはやってはいけない禁じ手

7−1・先回りをしてはいけない 170
7−2・「指値置き」をしてはいけない 171
7−3・「下値に厚い買い板」はダメ 172
7−4・ナンピン買いをしてはいけない 173
7−5・「ボロ株」の取り扱いに注意する 174
巻末資料① 「スーパーAクラス」と「Aクラス」のリスト 175
巻末資料② 美脚チャート①〜⑩ 180

※本書は、情報の提供を唯一の目的としたものであり、投資の勧誘を目的としたものではありません。投資の最終判断は読者ご自身でお願いいたします。

編集協力／山岸美夕紀・大西洋平
本文デザイン・DTP／松好那名（matt's work）

「株鬼流」仕掛けの基本用語

仕掛ける……好機と捉えて狙いを定めた銘柄に買いを入れる、または売りを入れること。
手仕舞う……ポジションをゼロにすること。
相場が強い……勢いづいていること。上昇のエネルギーが強いこと。
流動性が高い……売りものが豊富にあること。
丸坊主……ヒゲの付いていない長い陰線のローソク足。
陽線……始値よりも終値が高いローソク足。
陰線……始値よりも終値が安いローソク足。
ケツ上げ……前日安値が当日安値よりも高いこと。
ケツ下げ……当日安値が前日安値よりも安いこと。
ザラ場……寄り付きから大引けまでの取引時間。

ナイト……リアルタイムでザラ場を見られない人。

板……買い注文と売り注文の数値がわかる表。ネット証券の注文画面で見られる。

気配値《けはいね》……買い方・売り方が買いたいと希望する価格（指値）と売りたいと希望する価格（指値）。

買い気配……買い注文に対して売り注文が少なく、値が成立しない状態のこと。

売り気配……売り注文に対して買い注文が少なく、取引が成立しない状態のこと。

指値置き……指値注文（希望する取引価格を指定）すること。

成り行き（成行注文）……値段を指定せずに注文すること。

寄り付き……1日の最初の取引が成立し、始値が決まること。

高寄り……前日の終値よりも高い株価で取引が始まること。

安寄り……前日の終値よりも安い株価で取引が始まること。

押し……上昇中だった株価が反落すること。

出来高……売買が成立した株数。

売買代金……株式の売買が成立した金額のこと。株価に出来高を掛けて算出する。

信用取引……現金や株式を担保として証券会社からお金を借りて投資すること。最大で3倍の株式の取引ができる。

カラ売り……証券会社から株を借りて売り、株価が下がったら買い戻して株を返済し、利益を得る売買方法のこと。

買い残……信用買いをし、まだ決済していない残高。

売り残……信用売りをし、まだ決済していない残高。

買い長……信用取引において、買い残が売り残を上回っている状態。

売り長……信用取引において、売り残が買い残を上回っている状態。

貸借銘柄……買いだけでなくカラ売りをすることができる銘柄。

移動平行線……一定期間の終値平均値を結んでグラフ化したもの。

節……その数値の付近に何度も到達しながらも、なかなか越えることのない「見えない壁」。

SP……仕掛けポイント。
SD……仕掛け動機。
TP……ターゲットプライス（目標株価）。
LC……ロスカット（損切り）。
YHO……前日の高値を抜いた時点。
YLO……前日の安値を抜いた時点。
ブッ高値圏……ここ2〜3年の一番高い位置。
ドツボ圏……ここ2〜3年の一番低い位置。
Aクラス……以前は発行済み株式数10億株以上20億株未満の銘柄リストだったが、2018年までに行われた「株式併合」に対応するために、新たにランク付けした株鬼流独自のリスト（巻末に掲載）。
スーパーAクラス……発行済み株式数20億株以上の銘柄リストだったが、2018年までに行われた「株式併合」に対応するために、新たにランク付けした株鬼流独自のリスト

（巻末に掲載）。

保ち合い……株価がしばらく同じ価格帯のゾーンに位置し、上下の動きが乏しいケースのこと。

番手……株価が急伸した銘柄と同じ業種の中の二番手、三番手。

ZOH……前場高値を抜けること。

ZLO……前場安値を切ること。

ZO……前場高値を後場に抜けること。

ZL……前場安値を後場に切ること。

B1……陰線。

B2……陰線ケツ下げ。

B3……陰線ケツ下げで終値が前日安値を下回ること。

B4……B３＋直近安値の節を終値で下回ること。

G1……陽線。
G2……陽線ケツ上げ。
G3……陽線ケツ上げで終値が前日高値を上回ること。
G4……G3＋直近高値の節を終値で上回ること。
RT……前日の上下幅に対する当日の上下幅の比率（60％以下が理想）。
ケツ上げ比率……実線のケツ上げ比率（前日が陰線30％以上、前日が陽線50％以上）。
NGR……前場出来高に対する後場出来高の比率のこと。
VH……前日の出来高に対する当日の出来高の割合（60％あれば人気継続）。
ラッパ足……ローソク足がラッパのように広がった形。
ドーム……数本の足の高値がゆるやかに上がって下がるドーム型の屋根のような半円形。
放物線……ポーンとボールを投げたときの軌跡のような形。
三空……3回連続して窓を空けて高寄りする形。

第 1 章

「株鬼流」
仕掛けの超基本

Kabuki's Basic

Kabuki's Basic

1-1

「株鬼流」は究極のテクニカル投資法

「株鬼流」とは、長年のデータ分析と、それに基づく自らの投資経験を通じて構築した**テクニカル投資手法**です。

具体的なテクニックは後の章において説明していきますが、この手法は経済情勢や企業業績の推移をもとに投資の判断を下す「ファンダメンタルズ分析」よりも、チャート上で株価の動きを見極める「テクニカル分析」を優先します。

「テクニカルはファンダメンタルズに優先する」

株鬼流はこの大前提のもと、チャートの形と出来高を重視して、仕掛けるべき好機かどうかを判断します。

当然ながら「**常勝**」という言葉にウソや偽りはありません。

現に、株鬼流の門下生たちは着実に資産を増やしています。

彼らの多くは、それまで株式投資でなかなか満足できる結果を残すことができなくて悩んでいました。それでも、さまざまなことをきっかけに「株鬼流」のことを知り、最初のうちは半信半疑のようでしたが、入門後にはしっかりと成果を上げるようになりました。

では、勝ったり負けたりを繰り返していた彼らが、入門後に大きな財を成せるようになったのはなぜでしょうか？

それは、株鬼流と出合ったのを機に、**世間の大半の投資家に染みついている悪習慣を捨て去ることができた**からです。

なかなか勝てない投資家の呪縛となっている悪習慣はいくつもあります。

これから1つずつ指摘していきますが、**それらをすべて排除した結果として辿り着いたのが株鬼流のテクニカル投資手法**です。

これほどまでにテクニカル分析を極めた手法は、他に類を見ないと自負しております。

このことが単なる自惚《うぬぼ》れでないことは、これまでに2500人以上の門下生を教え、かつての私の自宅道場で合宿指導を受けた内弟子が600人余りに上っている事実からも推察してもらえると思います。

現在も門下生たちは日々の取引で株鬼流のテクニカル投資手法を実践することで、着実に成果を上げ続けています。

Kabuki's Basic

1-2

「株鬼流」にとって株式投資は戦いである

株鬼流は株取引の売買を「仕掛ける」と表現します。

この「仕掛ける」という言葉をまず覚えていただきたいと思います。

株鬼流では、**好機と捉えて狙いを定めた銘柄に「買い」、あるいは「売り」を入れることを「仕掛ける」と表現します。**

ではなぜ、株鬼流は株取引の売買を「仕掛ける」と表現するのか？

株鬼流は「株式投資＝戦い」と捉えているからです。

一般の投資家はこの意識に欠けていると思われます。

誰もが身銭を投じている以上は、命をかけるぐらいの気持ちで相場に挑むべきではないでしょうか。なかなか勝てないという投資家には、そうした覚悟がありません。

そのため、うまくいかなかった場合はすぐに落ち込んで弱気になるのです。

こうした姿勢は、いわば負けることを半ば前提としているようなもので、そうなると勝てる確率は必然的に低くなってしまいます。いわば、負け戦の連続です。

一方で、株鬼流は株式投資を本気の仕掛けとして取り組みます。

仕掛けるときは、動機が明確で揺るぎないものであることが大前提となります。

つまり株鬼流において**仕掛けの好機と決断するのは、かなりの勝算がある局面に限られる**ことになります。これらの手法ついては次章以降で詳しく説明していきますが、ここまで徹底するからこそ「常勝」できるわけです。

もちろん、それでも見込み違いの展開となるケースも出てきます。

ですが、それは相場の宿命というもの。そうした場合は、潔くLC（ロスカット）をします。そもそもLCは「名誉の負傷」であると捉えるべきなのであって、速やかにLCをしておけば、大きく負けて新たな仕掛けのための元手を失わなくてすみます。

要するに株鬼流は、つねに**勝算があるから強気で仕掛けられる**わけです。

運悪くLCをしたとしても、LCによるカスリ傷程度の負けは次の仕掛けで簡単に取り返せます。この意識が大切なのです。

Kabuki's Basic

1-3

「株鬼流」は高値で仕掛けて、より高値で手仕舞う

続いては、株鬼流における売買の基本です。

狙いをつけるのは、**基本的に目の前で高値をつけている銘柄**です。

株式チャートで目当ての銘柄の**動きが強いと判断できれば仕掛け、そして目指した高値で手仕舞う**（ポジションをゼロにする）という投資スタイルを貫くのが株鬼流です。

おそらく、この手法にある種の違和感を覚える人も少なくないでしょう。

ですが、それは無理もないことです。安いから買うといった世間で一般的にいわれる株式投資のテクニックとは、かなり異なるからです。

株式相場で継続的に利益を上げられる個人投資家が限られているのは、先にも述べたように投資に対して勝つという意識を強く持っていないからです。

そして一般的によいとされている株式投資の考え方に、影響を受けているからです。

たとえば、株式用語に「**押し目買い**」というものがあります。

個人投資家の多くは「**値ぼれ**」で買いを入れてしまいがちですが、押し目買いのような

弱気の手法は、株鬼流では御法度《ごはっと》と考えています。

そうはいってもピンとこない人もいるでしょうから、具体例で説明します。

たとえば、300円だった株価が400円まで上昇した後に350円まで下がってくると、多くの人は安くなったと感じてしまうのではないでしょうか？

そのため安くなったところで買えば、株価がまた上昇したときに売れば儲かると期待して買いを入れるわけです。ただし、株価がすぐに上がるかどうかはわかりませんし、反対に大きく下げることもあります。それなのに、値ぼれで買ってしまう。

これが相場の世界で**「押し目買い」と呼ぶもので、実は大きく負ける要因になっている**のです。やってはいけない行為といえます。

地合いがいいときに押し目買いで成功したことがある人は、過去の成功体験に惑わされてかせっせと押し目買いを繰り返します。ですが、株価が下がっている過程では、それが一時的な動きなのか、あるいは本格的な下げに転じたのかは区別がつかないはずです。にもかかわらず、同じことを繰り返しては負けを大きくしてしまいがちなのです。

不確かな状況なのに、**確かな根拠もなく「また上がるはずだ」と思い込んでしまうから負ける**のです。それよりも、実際に「浅い押し（下げ）」で下げ止まり、再び勢いよく上昇し始める銘柄を買うほうが、はるかに確実です。

つまり「押し目買い」を好む投資家たちとは逆の姿勢で、**「安くなっている株」**ではなく、**「高くなり始めている株」に目を向ける**のです。

なかには「株は安く買って高く売る」と説く専門家もいますが、それは大きな誤りです。安くなった株が反転して高くなる可能性よりも、**高くなってきた株がいっそう高くなる可能性のほうがはるかに大きい**からです。

このように株鬼流では「価格が高いか安いか」で仕掛けの判断はしません。

あくまで、**「その銘柄が強いか弱いか」をチャートの形を分析する**ことで確認します。

「高くなり始めた株価がいっそう高くなる」のは、それだけその銘柄が強い（勢いづいている）ということを示しているからです。

Kabuki's Basic

1-4 「株鬼流」は強気と確かな技術で仕掛ける

つねに強気の姿勢で相場に臨むこと、これが株鬼流の本質です。**「強い動きを示している銘柄」に照準を定めているから必ず勝てるのだ**という気持ちで、ブレずに売買を繰り返します。

先にも述べたように、株鬼流とは「強気」を前提とした手法なのです。

簡単にいうと「高値をつけた銘柄に仕掛ける」ことが、強気の真髄です。**「前場高値」「前日高値」「戻り高値」「年初来高値」「上場来高値」**のように、実にたくさんの高値がありますが、とにかく強い動きを示している銘柄に注目して仕掛けることが大切なのです。

その一方で株鬼流は、高値だけでなく直前まで株価が低迷を続けていた銘柄に仕掛けることもあります。

それは**「この後、上昇する可能性が高い」**という兆候を見つけたときです。この兆候は、株価を表すチャートや出来高の変化などで判断できます。

その**変化や強い動きをいち早く見つけることが大切**なのですが、ひとたび見つけてタイミングよく仕掛ければ、大きく利を伸ばすことができます。

繰り返しますが、株鬼流は**「価格が高いか安いか」ではなく、「その銘柄が強いか弱いか」を注視している**ということです。

他方で、多くの投資家たちはわざわざ弱い銘柄を見つけるような銘柄選別法で選定しがちです。

たとえば、「PER（株価収益率）」と呼ばれる指標が低倍率になっている銘柄に注目するという手法がその1つです。この指標は、その企業の業績と比較して株価が割安であればあるほどその倍率が低くなっていきます。

だから、多くの投資家がお買い得だと判断するわけです。

しかし、八百屋の軒下に並べられたダイコンならまだしも、安いからという理由だけで買い手が殺到するものでしょうか？

あらためて、ご自身に問いかけてみてください。すると誰もがはたと気づくはずです。

株を買おうと思うのは、その銘柄が高くなることを期待するからです。

「今は安いが、いずれ高くなる」と考えるのは非常に乱暴なことといえます。

そうではなく「安いが、そのまま安いままであり続ける」という可能性も十分ありま す。にもかかわらず「割安＝お買い得」のように消費財と同じ感覚で捉えていては、失敗するのは無理もないことだといえます。

業績を度外視して安値のまま放置されているのは、他に何らかの理由があるからです。そのことを見抜いている投資家が少なくないから人気がないのでしょう。

つまり、それだけ弱い銘柄だということです。

この**「強い」「弱い」という動きをチャートと出来高を中心にして判断していく**ことが、これから本書で説明していく株鬼流の中心となる技術です。

詳しくは、次章以降で具体的にお伝えしていきます。

着実に利益をもたらすのは、確かな「技術」に裏打ちされた強気の仕掛けです。

どれほど人気がある銘柄であっても、タイミングと的確な仕掛けポイントの判断を間違えれば、利益を取り損ねてしまいます。

本書では、それらすべてを伝えていきます。

Kabuki's Basic

1-5

「株鬼流」は流動性が高い一番手の銘柄に仕掛ける

原則として株鬼流は、流動性の高い銘柄にしか仕掛けません。

流動性が高いとは、「発行済み株式数（市場に出回っている株式の数）が多い」ということを意味しています。つまり、日頃から多くの投資家によって盛んに売り買いが繰り返されている銘柄だということです。

流動性が高ければ、自分が買いたい場面ですぐにそれに応じる売り手がいますし、売りたい場面でも引き取ってくれる相手（買い手）がいます。

なぜ流動性がそれほど重要なのか、それは逆の視点で考えれば容易に納得できるはず。流動性が低いと、自分が買いたいときに買えず、また売りたいときに売れない可能性が高いからです。

一方で一般投資家の多くは、最も強い動きを見せる一番手の銘柄ではなく、同じ業種の割安に感じる二番手や三番手の銘柄に目を向ける傾向があります。

無意識のうちに身についてしまった習慣なのでしょうが、わざわざ流動性の低い番手の銘柄を選びがちなのです。

たとえば、ある銘柄の株価が急伸したのを目の当たりにすると、同じ業種の中でその二番手、三番手につけていて、株価がまだ上昇していない企業の株を買おうとします。

おそらく、一番手として上昇した銘柄はすでに高くて手が出ないので、次は二番手、三番手へと市場の注目が移っていくと、弱気の買い方が予想してのことなのでしょう。

専門家の中にも、そういった展開となる可能性を紹介しつつ、二番手、三番手の銘柄を推奨する人がいます。

ただし、**番手探しは流動性の面からも間違っていて、負ける大きな原因**にもなります。

「今は建設株が盛んに買われている相場だ！」などと一括りにしがちですが、同じ業種だからといって、すべての企業が好調だとは限りません。

あくまで個別の企業ごとに捉えるべきなのです。

現実には、たとえ一番手が切り返して上昇しても、二番手や三番手は下げたまま戻らないケースが少なくありません。

もしも、**同業種の中から一番手につられる格好で上昇する銘柄が多数出てきたとしたら、その相場は終わりが近いと判断する**のが妥当です。

そのセクターにおいて流動性が低い銘柄にまで資金が回ってくるようなら、むしろそれが警鐘となっていることに気づく必要があるのです。

えてして二番手、三番手の銘柄は流動性が低く、そうした**リスクの高い銘柄にまで資金が入っていくのは、相場がかなり過熱していること**を示しています。

株鬼流は二番手、三番手の銘柄を追いかけません。それらを「**番手**」と称し、手出しは禁物だと日頃から教えています。

相場の主役を張っている銘柄につられて出てくる脇役の相手をするのは、明らかに時間と資金のムダです。そのうえ、負ける大きな要因でもあります。

狙うべきは、流動性の高い一番手の銘柄なのです。

Kabuki's Basic

1-6 「株鬼流」は前段を読んでから仕掛ける

あらゆる株価の動きには、必ずストーリーが存在しています。

株鬼流は、**目先の株価の動きだけでなく「前段」を読み、流れをつかんで仕掛けます。**

一番手を追いかけ続けることができる秘訣も、その点にあります。

たとえば、ある銘柄の株価が長期にわたって非常に狭い値幅の中で、高値と安値の上下動を繰り返していたとします。おそらく多くの投資家は「なかなか方向感が定まらない展開が続いている」と感じることでしょう。

これを「**保《も》ち合《あ》い**」と呼びます。

端的に述べて、**保ち合いは「買いなし」**です。保ち合いが続いている銘柄に、基本的には仕掛けてはいけません。ですが、目を離してもいけません。

小幅な範囲でもみ合っている（上下動を続けている）という状態は、何も動きがないように見えますが、実は買い手と売り手がずっと拮抗しつつ、**ジワジワとエネルギーを溜めている状態**なのです。

そしてその均衡が崩れると、エネルギーが急速に噴出し、上か下のどちらか一方向へ一気に動きだす可能性が高いのです。

特に注目したいのが、動かない期間が2～3年続く「**大保ち合い**」。**ドツボ《大底圏》圏の保ち合いが上に放たれたときには、大相場になることが極めて多い**からです。

こうした保ち合いの銘柄が動きだしそうな気配を見つけることも「株鬼流」の技術です。

「動きだしそうな気配」は、やはりチャート上に現れます（後述しますが「W」や「ソーサー」というチャートパターンがそうです）。

たとえば、上値はほぼ一定の水準を保ちながら下値のほうが次第に切り上がっていき、上下の値幅が徐々に小さくなっているというパターンは、その後で上に放たれる可能性が高いことを示しています。

また、**長期にわたり動かなかった銘柄が、ある日大量の買い物で大きく放れて高く寄ったときも、その後大きく値を上げていく可能性が高い**といえます。

株鬼流では、これを「**大保ち合い放れの法則**」と呼んでいます。

さらに、後の急上昇を知らせる「**ノロシ**」（拙著『資産を100倍にする「株鬼流」仕掛けの全技術』に掲載）という予兆もあります。

これは上ヒゲが長く、実線部分（始値から終値までの箱状の部分）が短いローソク足で、まるで狼煙《のろし》のような長い上ヒゲが特徴的なのですが、とても目立ちます。

これらの形が出現する理由についてはここでは省きますが、「前段」における流れをきちんと追っているからこそ、株鬼流は足が大きく動き始める初動を見逃さないのです。

株式市場という世界では、つねに**「相場的思考」で値動きを捉えるのが鉄則**です。

「なぜこの株が値上がりしているのか？」

「個人投資家はこんな高値では手が出ないはずだし、誰が買っているのか？」

このように相場的思考で追求していくと、大口投資家の動きに気づいたりするわけです。

直近の株価だけでなく、それまでの流れをチャートできちんと見ていく習慣を身につけることも株鬼流の技術です。

株価の推移をチャートで見ながら、前段における売り手と買い手の動きを捉えて、今後はどのような展開となりそうかと考えるようにする。そして、現実の相場はどう動いたのか検証してみる。

このように各銘柄の株価の前段と、その後の相場展開の結びつきを意識すると、相場に「強気」で向かっていくための根拠となるのです。

これが株鬼流における技術です。

Kabuki's Basic

1-7

「株鬼流」は地合いにかかわらず仕掛ける

相場全体の動きがパッとしなかったり、先行き不透明だったりする局面では、えてして「休むも相場」という格言からか「ここは様子見が一番！」と言う人もいます。

しかし株鬼流では、下げ相場でも動きが強い銘柄が見つかれば、躊躇なく仕掛けていきます。靄《もや》がかかって森（相場全体）が見渡せなくても、これはという木（銘柄）が見つかれば、向かっていけばいいのです。

つまり、**地合いは悪くても強い銘柄があれば仕掛ける**ということです。

けっして、極端な話をしているわけではありません。

１９２９年に世界恐慌が発生したことはご存じでしょう。１９３２年までの3年間でニューヨーク・ダウは89％も下落しました。

ただしその一方で、その間に値上がりした銘柄が年間20社もあったということも揺るぎない事実なのです。世界恐慌のときですら、値上がりした銘柄はあったのです。

地合いが悪くても、つねに「強気」で相場と向き合い、ローソク足に見られる強い銘柄に目を向けて仕掛ければ、負けることはないのです。

ここでいう「強気」とは、

「悪い足（チャートの形が悪いもの）には手を出すな！　強い銘柄にのみ仕掛けよ！」という姿勢のことです。だからこそ、たとえ下げ相場であっても株鬼流の技術でもって仕掛ければ、負けることはないと豪語できるわけです。

株鬼流の技術における重要なものに、私が検証に検証を重ねた**株式チャートにおいて一定の勝ちパターンを表す「法則」**の存在があります。この法則とは、過去から伝わるものにくわえて、私自身が検証を重ねて再現性を確認した株式チャートにおける勝てるチャートパターンのことです。

第4章で詳しく紹介しますが、可能な限りの裏づけをとって、本当に信頼できる基本的な勝ちパターン（法則）を選りすぐりで掲載しました。

いずれの法則においても重要なのは、どうしてそうなるのかという理屈よりも、どの程度の頻度でそれらの勝ちパターンが出現するかという確率です。

いくら理詰めで考えても、現実の投資にはほとんど役に立たないことが多いものです。

たとえば、一般的にいわれる**「TP（ターゲットプライス＝目標株価）」**は、要は「○

○に対して高いか安いか」という相対的な判断がもとになっています。

こうした相対的な考え方では、多くの場合において失敗を招く投資となってしまいます。

なぜなら、**現実の相場はエネルギーによって動いている**からです。だからこそ、株価の物理的な強弱に注目しなければ、真のTPを見極めることはできません。

そのうえ相対的な考え方だと、過去の統計データの範囲内でしか判断できません。

たとえば、2008年以前は「N225の25日移動平均線との下方かい離の過去最大はマイナス18%」というものがありましたが、2008年9月のリーマンショックではいとも簡単にマイナス29%までかい離が拡大しました。

「100年に一度ともいわれる歴史的な危機で、異例中の異例だから仕方がない」という言い訳も成り立ちますが、たとえ1000年に一度の危機であっても、負けを回避して勝ちにいくことはできるのです。それを支えるのが株鬼流の技術です。

ただし、**強気の姿勢で見て仕掛ける対象がなければ見送ります**。

これが株鬼流でいう「休むも相場」です。

弱い銘柄の中から無理に何かを選んで仕掛けるのは強気ではなく、むしろ弱気です。

第 2 章

「株鬼流」株式チャートの見方

Kabuki's Basic

Kabuki's Basic

2-1

株式チャートに現れる強弱を見る

いよいよこの章から株鬼流の仕掛けの技術について解説を進めていきますが、その前におさらいの意味を含めて株式チャートの基本的な見方について説明しておきましょう。

株式チャートというのは、ただ株価の値動きを表しているのではありません。むしろ、**相場を動かしているエネルギーの高まりや弱まりを表している**のです。

株鬼流では、この相場を動かしているエネルギーの高まりや弱まりをつぶさに観察しているわけです。なぜなら**エネルギーが高まってくれれば、おのずと株価は強い動きをするようになり、その結果として大幅に上昇することになる**からです。

おそらく、テクニカルのことをよく知らない人が株式チャートを見ても、単にそれまでの株価の推移が表示されているグラフとしか思わないでしょう。

しかしローソク足と呼ばれる株式チャートは、どういった経緯で、どのような勢いで、その値がついたのかを実に詳しく教えてくれます。

そのため株式チャートの見方をマスターできれば、相場の「**強弱**」を容易に見極められるようになるのです。そして**株式チャートをもとに強い動きを見せ始めた銘柄を仕掛ければ、株価の上昇に乗って利益を伸ばせる可能性が高まる**のです。

第1章で指摘したように、ファンダメンタルズだけでは、目を付けている銘柄の株価上昇の時期などを正確に推測することはできません。

いってみれば、**株取引で勝つために必要な情報は、すべて株式チャートの中に描かれているわけ**です。

株式相場というものは、1980年代末のバブルや2000年代のITバブルのように、凄まじいエネルギーを放ちながら大いに盛り上がることがあります。

しかし、それだけ膨大なエネルギーを使い果たしてしまったがゆえに、バブル崩壊後は10年以上も下げ続けるハメになりました。当然、エネルギーを失った銘柄には手を出すべきではありません。

このように、株式チャートを「エネルギーの推移」を表すものという視点で見ていくと、**「エネルギーが解き放たれる」瞬間や、「エネルギー不足で下がってしまう」未来を予測して、的確な仕掛けのタイミングを見極める**ことができるのです。

Kabuki's Basic

2-2

ローソク足の基本的な見方

ひと口に株式チャートといっても、実にさまざまな種類が存在しています。その中で唯一、**株鬼流が活用しているのがローソク足の株式チャート**です。

横軸を「時間」、縦軸を「価格」として、株価の推移を時系列で示したのが株式チャートですが、ローソク足は単純な折れ線グラフではありません。

通常の折れ線グラフは点と点を線で結んでいきますから、一般的な折れ線グラフなどで日々の株価の推移を示すとしたら、1日当たりに描く点は1つだけとなります。

しかし現実の相場の世界では、**1日のうちに株価はどんどん変化していきます**。

たとえば、取引開始早々は値上がりしたものの、日中は下げ基調が強まり、取引終了間際になってから盛り返すような動きもよく見られます。

たった1つの点で株価を表そうとすると、こうした動きがあったという事実をまったく表せないわけです。

そこで、**相場の動きをよりリアルに伝えるために考案されたのがローソク足**です。

これから詳しく説明していきますが、点とは異なる特殊な表記法を用いることで、日々の「**四本値（始値、高値、安値、終値）**」がどの程度の水準であったのか、そしてその日の株価がどのような軌跡を描いたのかがわかるようになっています。

「始値」とは、その日の最初に成立した取引（寄り付き）でついた価格。

「高値」とは、その日についた最も高い価格。

「安値」とは、その日についた最も安かった価格。

「終値」とは、その日の最後に成立した取引でついた価格。

「株鬼流」における基本中の基本は、ローソク足として描かれている「四本値」の推移をしっかりと見ることです。

くわえて、相場のエネルギーを示す「**出来高**」のチェックも欠かさず行うようにします。

「出来高」とは、その日に売買が成立した株数。

出来高が増えれば増えるほど、株価を動かすエネルギーが充填されていると考えればいいでしょう。

その名のごとく、ローソク足はローソクのような形状になっていて、「四本値（始値、高値、安値、終値）」が描かれています。

次ページの図表２－１のローソク足をもとに説明しましょう。

たとえば、始値が１９５円、高値が２０５円、安値が１９０円、終値が２００円だったとしたら、ローソク足は右側のような形状になります。

そして、始値と終値を結んだ長方形の部分が白く描かれ、これを「陽線」と呼びます。

「陽線」とは、始値よりも終値が高い価格になり、その日の相場が取引のスタート時よりも上昇して終わった状況を示しています（日足チャートの場合）。

続いて、図表２－１の左側に注目してください。

始値が２００円、高値が２０５円、安値が１９０円、終値が１９５円だった場合、ロー

図表2-1■陽線と陰線の例

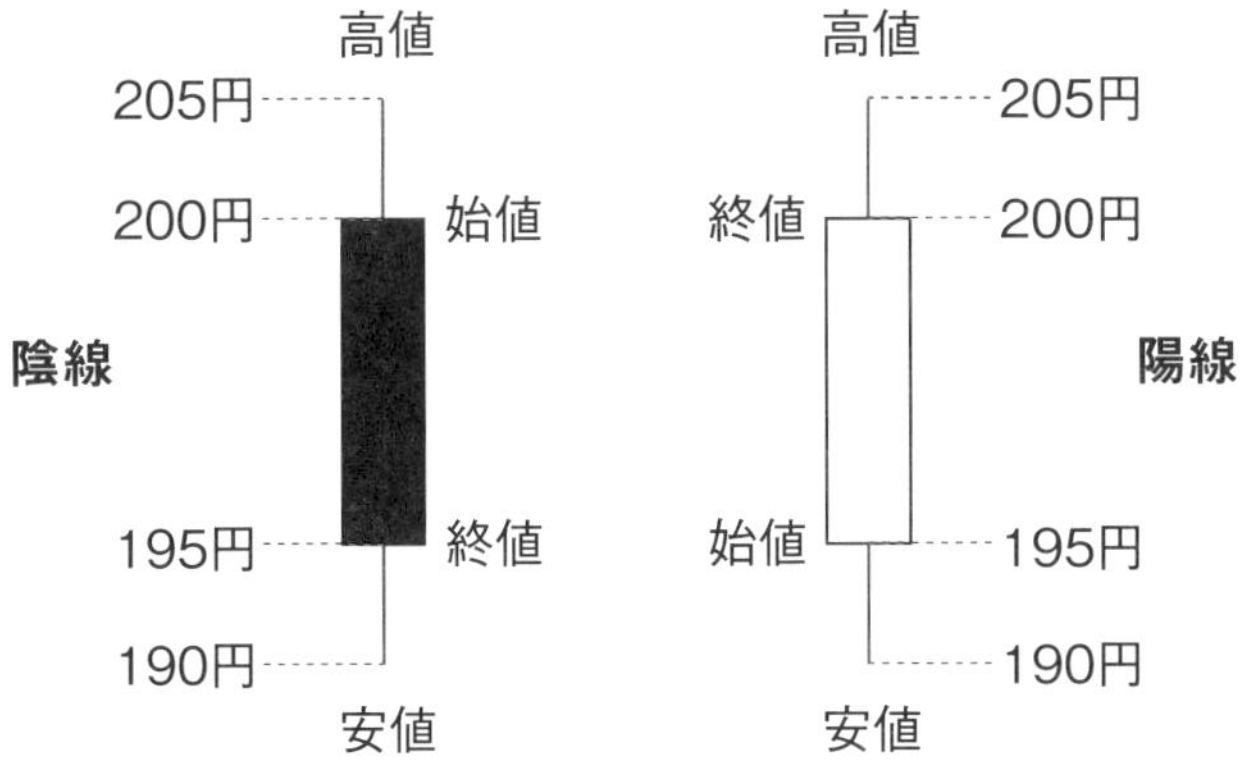

ソク足はこの左のような形状になります。

形自体は右側と同じですが、こちらは長方形の部分が黒く塗り潰され、「陰線」と呼ばれます。

陽線とは逆に、**「陰線」は始値よりも終値のほうが安くなっており、取引開始時よりも値下がりして取引を終えたこと**を表しています。

Kabuki's Basic

2-3

上ヒゲと下ヒゲの意味を読み解く

あらためて、前ページの2つの図表を見返してください。

これらの例では「陽線」と「陰線」のどちらにも、上下それぞれに棒状のものが伸びていることが確認できるでしょう。

相場の世界では、それらを「**ヒゲ**」と呼んでいます。

「上ヒゲ」は高値をつけた後に、「反落」したことを示す。
「下ヒゲ」は安値をつけた後に、「反発」に転じたことを示す。

このようなことから、単純明快に好ましい状況かどうかを判定すると、次のようになります（次ページの図表2－2参照）

「陽線」は○で、「陰線」は×。
「下ヒゲ」は○、「上ヒゲ」は×。

図表2-2 ■ 上ヒゲと下ヒゲをつけたときの株価の推移イメージ

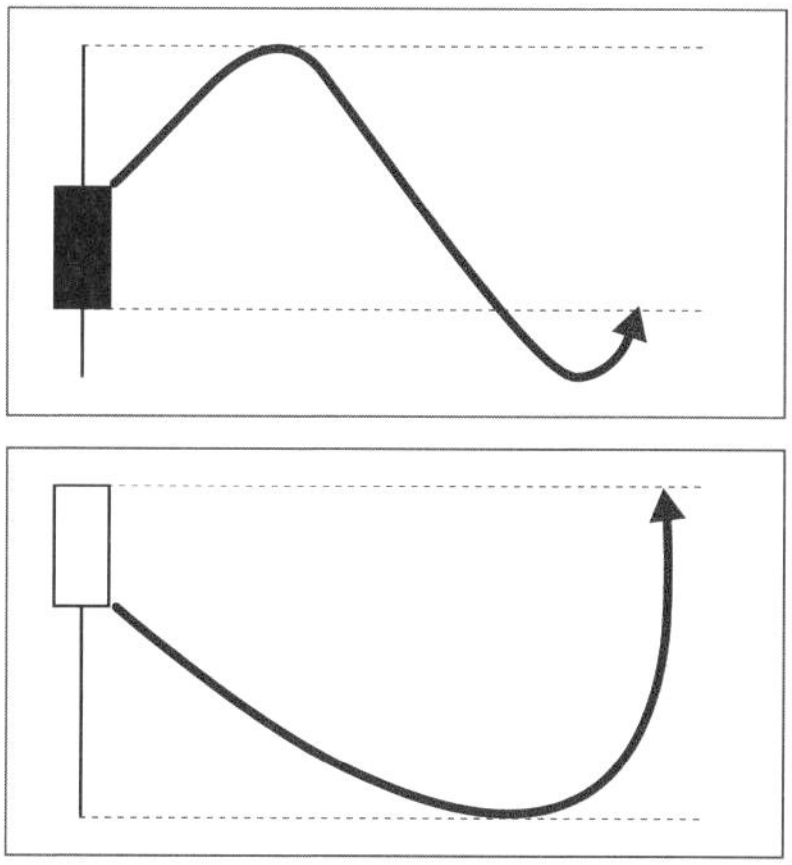

もちろん、安値が終値もしくは始値と同じになったり、高値が終値もしくは始値と同じになったりして、実線のみでヒゲが生じないケースも出てきます。

あるいは、取引時間中に上昇と下落の振幅はあったものの、結局は始値と同じ株価で取引が終了し、ローソク足が十字架のような形状になることもあります。

これは「**十字線**」と呼ばれるものです。**天井圏で十字線が出現すれば反落の可能性が高まりますし、底値圏で出れば反発するケースも多々見られます**。

しかし、普段から値動きがさほど大きくない銘柄の場合は、顕著なシグナルとはならないのが現実です。

Kabuki's Basic

2-4

安値切り上げの「ケツ上げ」に注目する

これまで述べたように**ローソク足からなる株式チャートが表すのが相場であり、それらの連続した動きを観察することが重要**な意味を持ちます。

なかでも特に注視したいのは、次ページの図表2－3の上のように安値が着実に切り上がっているパターンです。

このように**安値が少しずつ切り上がっているのは、ジリジリと買いが勢いを増しつつあること**を示しています。つまり、相場の強さが徐々に増していると判断できるわけです。

実際、この銘柄はその後に株価が急上昇しました。

その真逆のパターンもあります。同じく図表2－3の下を見てください。

こちらは安値が次第に切り下がっています。売り方の勢力に押され気味であることが見てとれます。案の定、やがてその銘柄の株価は下落していきました。

大事なポイントなので繰り返しますが、**「陽線」「陰線」を問わず、安値の切り上がりこそが好ましい**状況です。

株鬼流では、**安値の切り上げを「ケツ上げ」と呼んで重要視**しています。

図表2-3■ケツ上げとケツ下げのローソク足の例

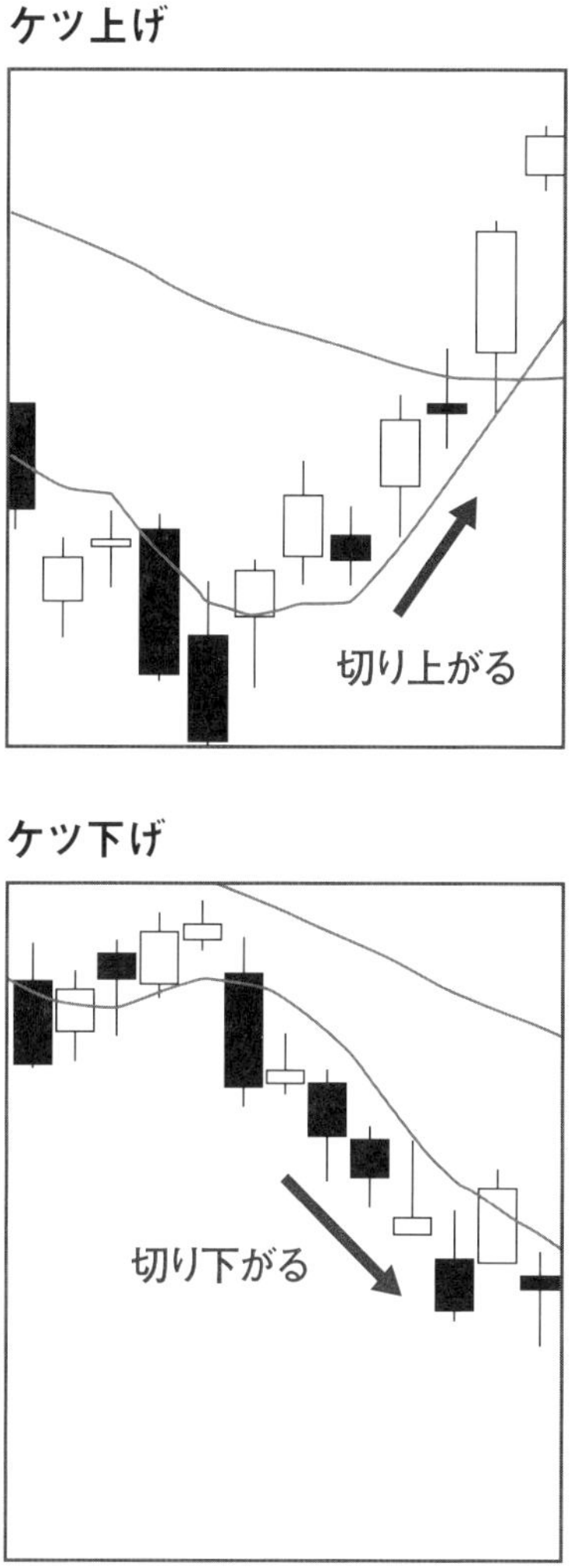

Kabuki's Basic

2-5

寄り付きの始値が1日で最も重要な株価

東京証券取引所の取引時間は午前9時から11時30分、午後12時30分から3時となっていますが、株価の動向で最も重要なのは「寄り付き」の直前と直後です。

寄り付きとは午前9時から始まる最初の取引で成立した売買のことで、その際に決まった株価が「始値」です。寄り付きでつけた株価、すなわち始値は極めて重要といえます。

一方、**その日の最後に成立した取引を「大引け」といい、その際に約定した株価が「終値」**です。「引け値」と呼ぶこともあります。

では、なぜ「寄り付き」が重要なのでしょうか？

相場の世界では、寄り付きから大引けまでの取引時間のことを「**ザラ場**」と呼びます。要は市場がオープンしている時間帯のことです。

取引に参加している人の多くが相場の推移を注視している一方で、日中は本業が忙しくて見られないという人もたくさん存在しています。

リアルタイムでザラ場を見ることができず、その日の夜など取引の終わった後に確認する投資家のことを、私たちは「ナイト」と呼んでいます。

いったん午後3時に取引時間が終わると、細々とした夜間取引を除けば、翌朝の午前9時までは相場は動きません。その間、日中に相場の推移を見ていた人も、見ていなかった人もあれこれ思考し、大引けでついた株価から翌日どのように動くのかを予想します。

この18時間にも及ぶインターバルにおいて、**世界中の投資家がそれぞれとことん考え、市場参加者の総意として決まる株価が寄り付きにおける始値**なのです。

前営業日の終値よりも高い株価で最初の取引が成立すれば、相場は強いと見て買いが勢いを増します。この「**高寄り**」(次ページの図表2－4参照)と呼ばれる状況こそ、相場の強さの象徴です。

裏を返せば、前営業日の終値よりも安い株価で取引が始まった「**安寄り**」(53ページの図表2－5参照)には手を出してはいけないということです。

できれば、8時50分頃までに寄り付き前の気配値を観察し、自分が注目している銘柄にどの程度の始値がつきそうかを推測します。

そして**高寄りしそうなら買い仕掛け、反対に安寄りしそうだと思ったら見送ります**。

図表2-4 ■「高寄り」の例 大成建設(1801)の日足

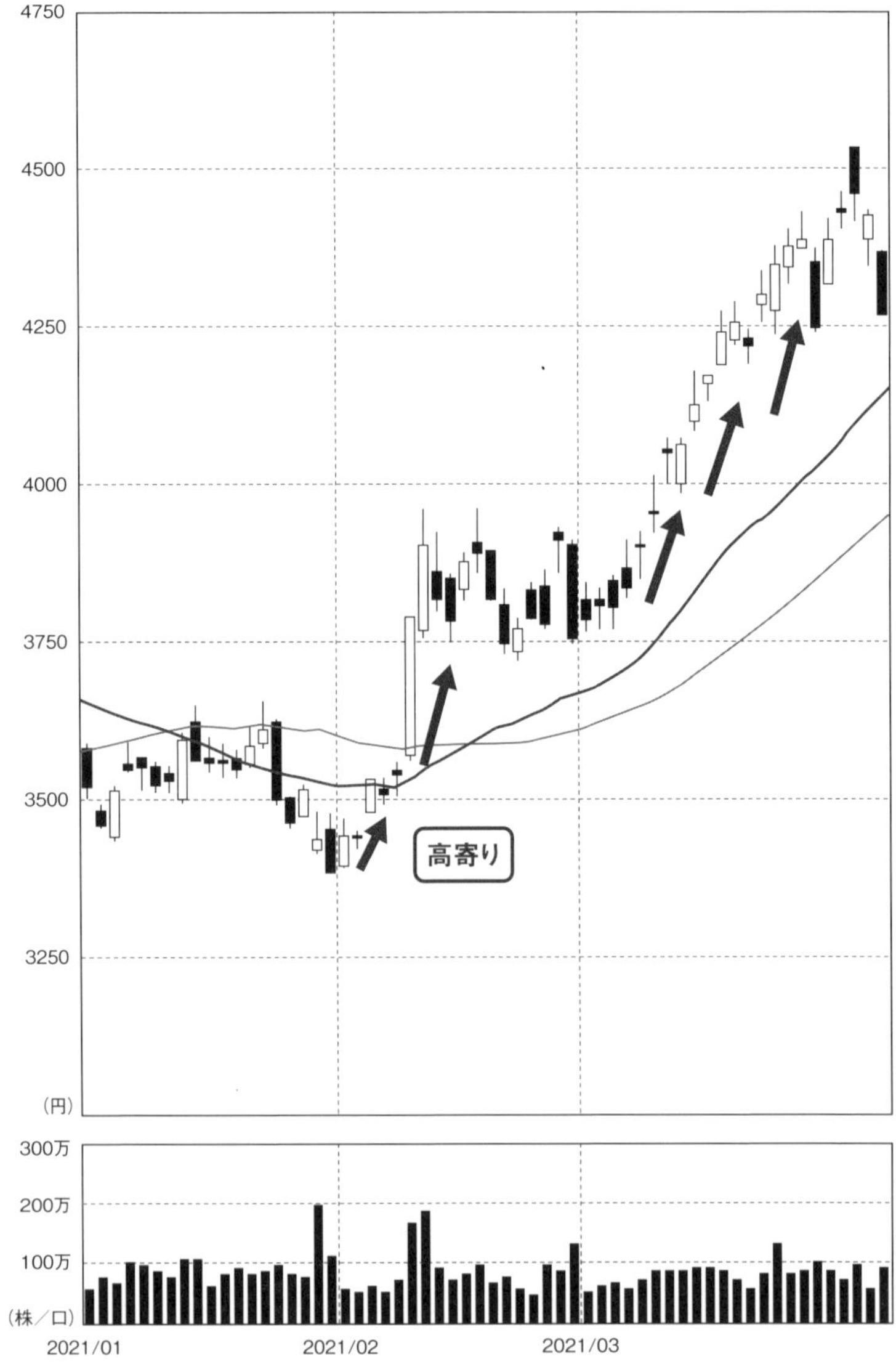

図表2-5 ■「安寄り」の例 大成建設（1801）の日足

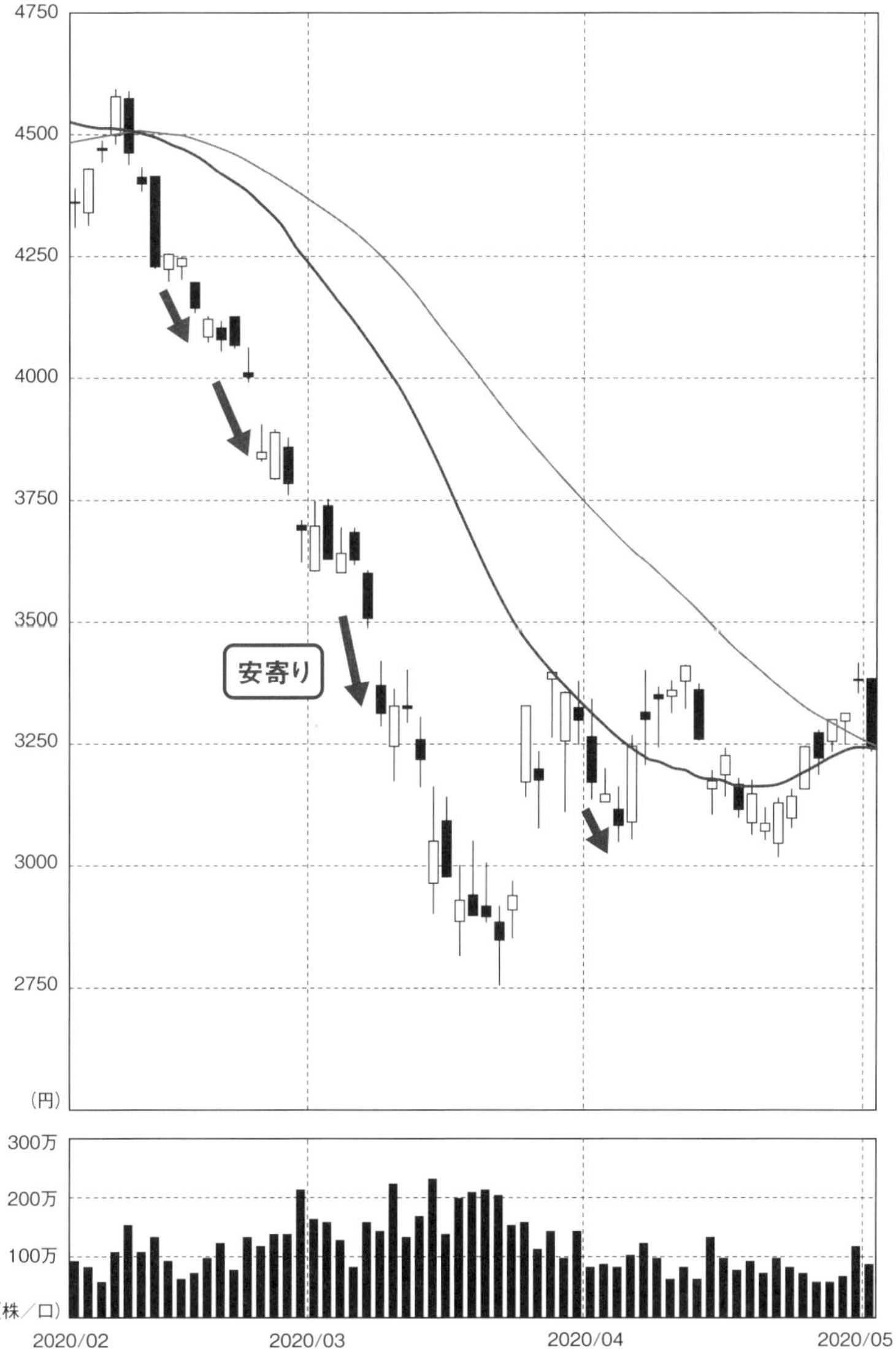

Kabuki's Basic

2-6

トレンドはローソク足の比較で見極める

ここまでの説明は、1本のローソク足が1日の「四本値（始値、高値、安値、終値）」を示したチャートを前提として進めてきました。

こうしたチャートを「**日足**」と呼んでいます。

しかし、ローソク足には他にもバリエーションがあり、その**違いによって短期、中期、長期の株価の傾向を知る**ことができます。

冒頭で触れた「日足」に対し、1本のローソク足が1週間の「四本値（始値、高値、安値、終値）」を示すチャートが「**週足**」です。短期的な情勢が把握できる「日足」に対し、こちらは中期的な動きを確認できます。

さらに、1本のローソク足が1カ月間の「四本値（始値、高値、安値、終値）」を示したチャートが「**月足**」で、長期的な傾向がつかめます。

実際に、次ページ以降の図表2－6から図表2－8でそれぞれの違いを見比べてみましょう。同じ銘柄でも、**日足、週足、月足の3つのチャートを見比べることで、より的確に現状分析や今後の展開予想ができる**わけです。

図表2-6■日足は「保ち合い」トヨタ自動車(7203)の日足

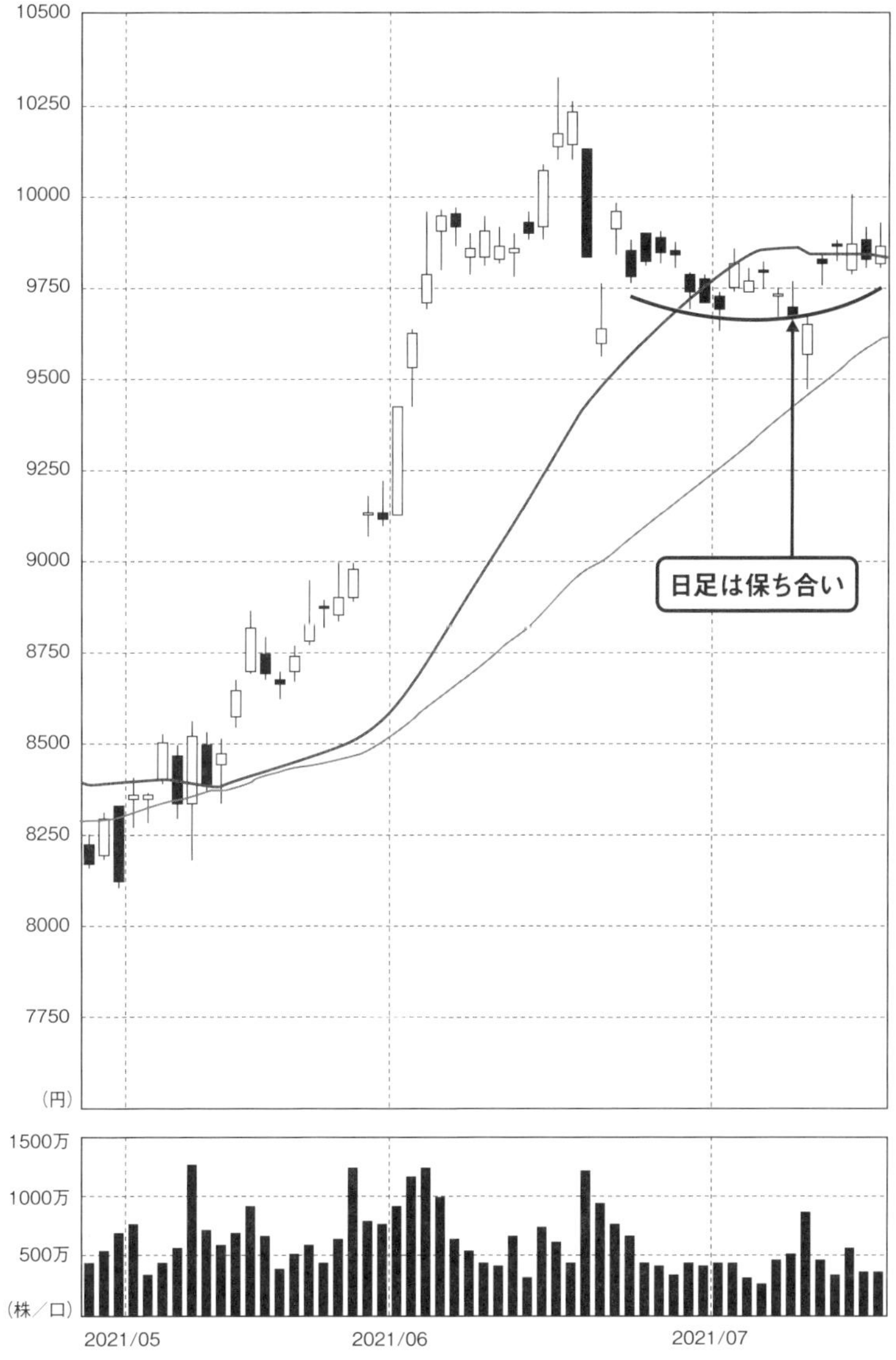

図表2-7 ■ 週足は「N」トヨタ自動車（7203）の週足

図表2-8 ■ 月足は「上げ」トヨタ自動車(7203)の月足

Kabuki's Basic

2-7

「節」と「大節」の捉え方

先に述べたとおり1本のローソク足が1日の四本値を示している日足チャートしか見ていないと、相場のトレンドがつかめなくて判断しづらいことが多々あります。

そこで、トレンドをつかむためにローソク足が1週間の四本値である週足や、1カ月間の四本値である月足といった中長期的な推移を示すチャートに目を向けるのです。すると、相場の大きな流れをつかめるうえ、日足では気がつかなかった相場の「**節**《ふし》」をはっきりと確認できるようになります。

この**「節」とは、株価の動きが止まり、高値や安値をつけた株価**のことです。この水準を意識している投資家が数多くいるため、さまざまな思惑が作用して株価の動きが止められたというほうが正確かもしれません。

節の付近に達したら、株価の動きに変化が生じる可能性が高いと覚えておいてください。さらに節を難なく突破した場合は、その方向に強く伸びていく可能性が高いといえます。

つまり**節は、その後の株価を推し量る重要なヒントになる**のです。

なお、最も小さな節は前日の高値です。注目している銘柄が節を上に抜けたら、チャンスと捉えて仕掛けていくべきです。

上値の節を抜けたところを狙って仕掛けるのは、まさしく株鬼流のやり方です。私が力説している「高値しか仕掛けるな」とは、まさにそのことを言い表したものです。

高値には、前日の高値に週間高値、直近1カ月の高値、年初来高値、上場来高値といったようにいろいろとありますが、それらの中でも多くの投資家が特に強く意識している高値＝節があります。

過去に何度も一定の高値付近で上昇が止められると、大きな節となってそうたやすくは突破できないのです。たとえば、東日本大震災直後にゼネコンがつけた高値のように、何らかの出来事を機に形成された節も大きな意味を持ってきます。

これを「**大節**《おおふし》」と呼びます。

通常、**大節は月足チャートで確認する**といいでしょう。

基本的には週足でトレンドを確認しつつ、仕掛けの水準を判断するうえで大きなヒントとなる大節を月足で捉えるわけです。

具体例をあげましょう。59ページの図表2－9①の**東京電力ホールディングス（9501）の週足チャート**を見ると、2011年3月11日の東日本大震災直後にいったんは715円で下げ止まったものの、翌週に終値ベースでその水準を割り込んでしまってからはボロボロの状態まで売り込まれました。

今度は、図表2－9②の**東京電力ホールディングス（9501）の月足チャート**に目を転じると、大震災に見舞われた翌月の終値は292円で、翌々月はその水準の前後を死守していましたが、6月に割り込んでさらに下落基調が鮮明になりました。

下の「節」として、意識されなくなったわけです。

このように、**割り込んだり突破したりすると、その「節」はあまり重要な意味を持たなくなります**。


特に見逃してはならないのは、「株鬼流」でスーパーAクラス（175ページの巻末資料①参照）に該当する銘柄が大節を抜ける瞬間です。

このパターンが現れたら、躊躇することなく仕掛けましょう。なぜなら、**大節を抜けると、株価は大きく伸びる**からです。英語で節のことをブレイクポイントと呼ぶように、いったんブレイクしたら簡単には止まらないのです。

逆に、下げてきた株価が大節で止まらなかった場合は、潔く手放すのが肝心です。そのわかりやすい具体例が東日本大震災後の東京電力です。

715円の大節を割り込むと株価下落に歯止めがかからなくなり、2011年の6月には148円、2012年の7月には120円までとことん売り込まれています。

図表2-9① ■「節」の例① 東京電力HD(9501)の週足

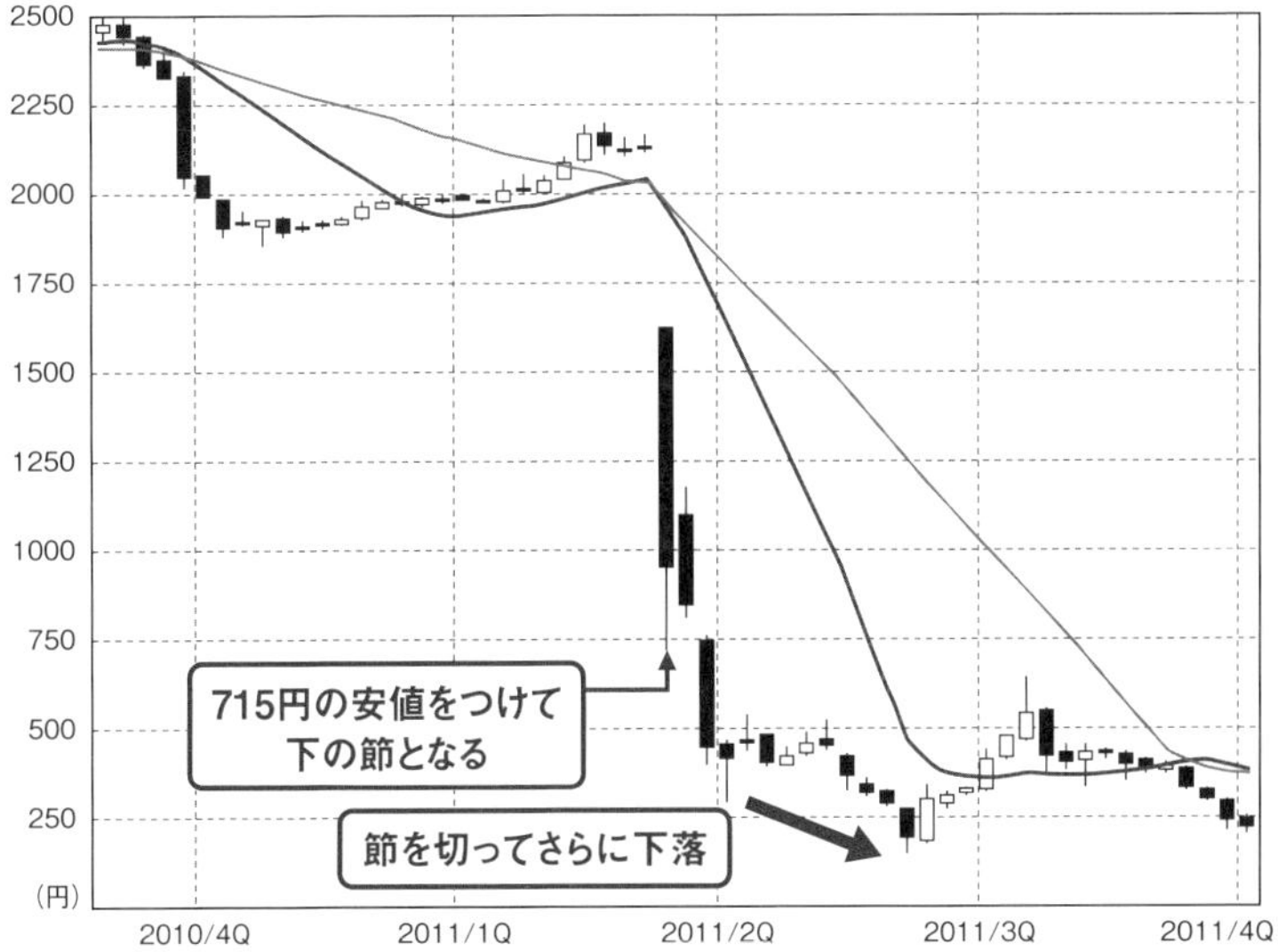

図表2-9② ■「節」の例② 東京電力HD(9501)の月足

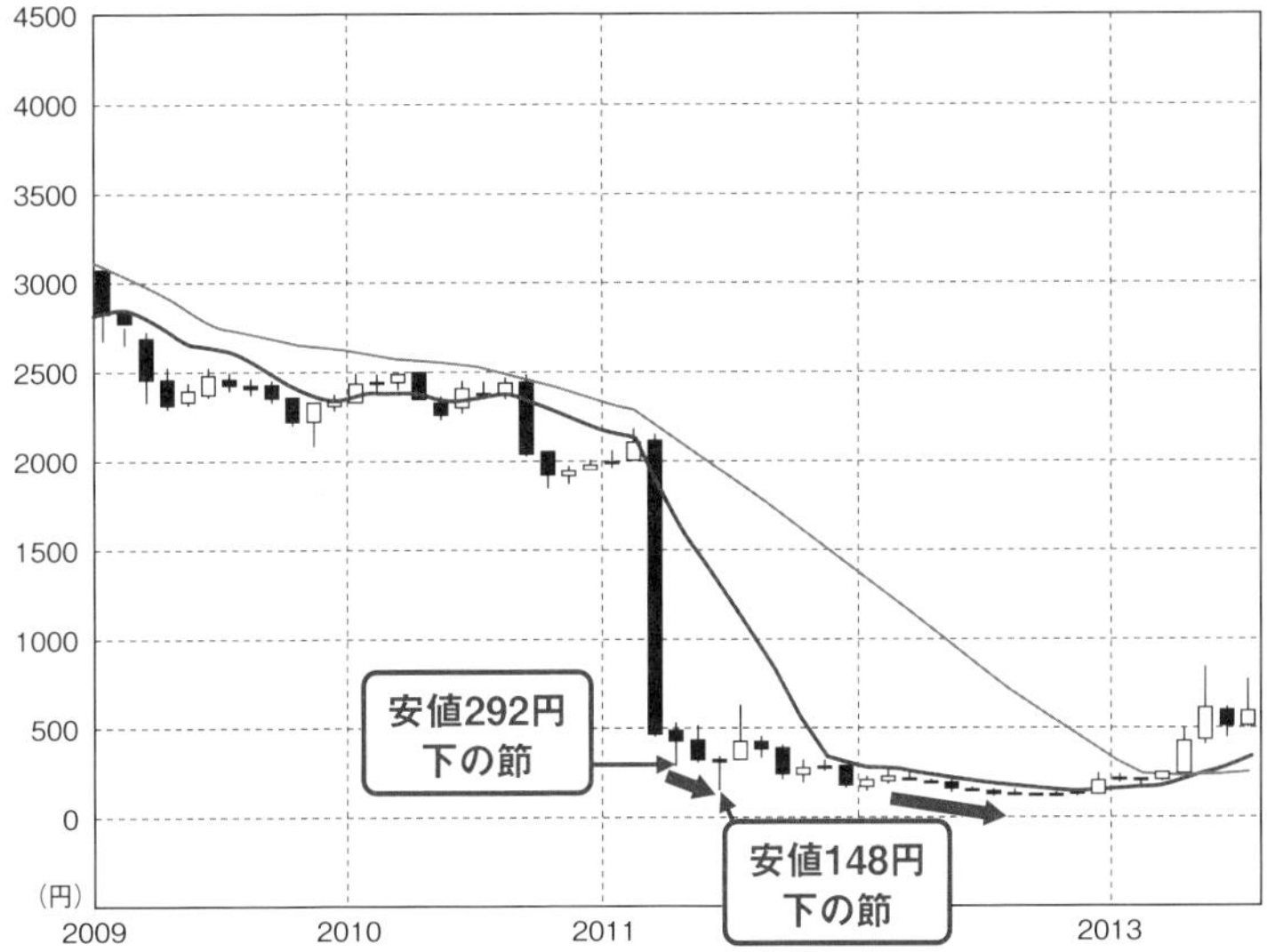

Kabuki's Basic

2-8

移動平均線の押さえ方

移動平均線は、米国のジョゼフ・E・グランビルという人物が1960年代に統計学の移動平均法を応用したのがそのルーツといわれています。

実はその頃からほとんど進化らしい進化を遂げておらず、特に新たな発見もないため、かなり古典的な分析手法といえます。

具体的にどのような指標なのかというと、**過去の一定日数ごとに株価の平均値を算出していき、その数値の推移をグラフ化したもの**です。相場の値動きの傾向（トレンド）を探るために用いられるというのが、極めて一般的な解釈でしょう。

移動平均線は、**日足チャートでは25日線**（25日間ごとの株価の平均値の推移）と**75日線**（75日間ごとの株価の平均値の推移）、**週足チャートでは13週線**（13週間ごとの株価の平均値の推移）と**26週線**（26週間ごとの株価の平均値の推移）、**月足チャートでは9カ月線**（9カ月間ごとの株価の平均値の推移）と**24カ月線**（24カ月間ごとの株価の平均値の推移）という組み合わせで用いられるのが一般的です。

いずれも**日数の短いほうがS（短期線）、長いほうがL（長期線）という位置づけ**となっています。SとL、株価との位置関係やそれぞれの向き（方向性）をもとに、相場のトレンドなどを推察するのが一般的な活用法です。

移動平均線に関して、「株鬼流」で注視するのはSやLの向きとともに、株価との位置関係の変化です。そして数ある移動平均線の中でも、私は25日線を最も重視しています。理由は、トレンドの継続や転換を判断しやすいからです。

株価が25日移動平均線よりも上に位置している限りは上昇トレンドにあると考えてよく、一方で終値ベースで3日以上にわたって下回った場合はトレンド転換を意識したほうがよいでしょう。

さらに、**SやLの向きにも注意が必要**です。

たとえばSとLがほぼ平行で下向きとなっていて、株価がそれらの下に位置している局面では、その後の動きに注目してください。

こうしたケースの場合、株価は間違いなく下落を続けてきたはずですが、やがて反発して**SとLを上抜けば、その直後が買いを入れる絶好のタイミング**となってくるのです。

つまり、典型的な買いのシグナルとなります。

もう1つ「保ち合い」の状況でも、その動きが移動平均線にしっかりと反映されてきます。要は株価がほぼ一定のレンジ内で上下し続け、相場が膠着《こうちゃく》状態となっている局面です。

当然ながら移動平均線も横ばいで推移しているはずで、こうした**保ち合い期間が長くなればなるほど、いったん上か下かに放れた（レンジを突破した）場合、動きに加速がつく**ことになります。

また一般的なテクニカル分析では、GC（ゴールデンクロス）は上昇トレンドの到来、DC（デッドクロス）は下降トレンドへの転換を示唆するチャート上の重要シグナルといわれています。

GCとは、短期の移動平均線が長期の移動平均線を上抜く現象。逆にDCは、短期線が長期線を下抜く現象のことです。これらがチャート上に出現すれば相場の流れが変わるということは、個人投資家にとってとても耳に心地よいものかもしれません。

ですが、たいていは**GCやDCが生じる前にトレンドがすでに転換しており、それらを確認してから動いたのでは間に合わない**というパターンが多いのが実情です。

そのためGCとDCで信用できるのは、月足チャートにそれらが出現したケースです。

その場合は、長期的なトレンドが転換した可能性が高いと考えられます。

とはいえ、7年に一度といったタイミングでしか発生しない希有な現象ですが……。

第 3 章

「株鬼流」チャートチェックの基本

Kabuki’s Basic

Kabuki's Basic

3-1

「株鬼流」でターゲットとする銘柄の条件

株鬼流において仕掛けのターゲットとなるのは、流動性が高い（活発に売買が行われている）銘柄だと先にも述べましたが、具体的に以下の5つの条件を目安に選別しています。

①発行済み株式数が1億株以上
②売買代金が5日間の平均で10億円以上
③経常利益もしくは営業利益が100億円以上
④売上高が1000億円以上（ただし、小売業・卸売業・商社等を除く）
⑤時価総額が2000億円以上

ただし、これら5つをすべて満たす必要はなく、いずれか1つでも該当すれば株鬼流のターゲットとなります。

流動性に乏しいと、買いたい場面で買えず、売りたい場面で売れないということにもなりかねません。小型株はこれらのいずれかを満たすことが現実的に難しく、株鬼流では基本的に外します。流動性が高くつねに売りものが豊富な銘柄の中でも突出しているものに関して、以前は次のようにランク付けしていました。

・Aクラス＝発行済み株式数10億株以上20億株未満
・スーパーAクラス＝発行済み株式数20億株以上

「以前は」と書いたとおり、現在はこのような考え方ではありません。というのも、2018年までに行われた「株式併合」により、それまでのように単純に計算できなくなったためです。ですので、株鬼流では新たに独自の「Aクラス」「スーパーAクラス」のリストを作成しました。巻末に掲載してありますので、参考にしてください。

このように分類すると、約3500の上場銘柄の中でAクラスに該当するのはごくわずかで、さらにスーパーAクラスともなるとかなり限られてきます。

したがって、スーパーAクラスのチャートにおいて「必勝パターン」が出現したら、大チャンスです。

対照的に、**流動性が乏しい銘柄は売買が成立する株数が限られてきますから、おのずと大きく儲けることは難しい**こととなります。

Kabuki's Basic

3-2

「株鬼流」のチャートチェックとは？

ここからは株鬼流の**チャートチェック（CC）の方法**について解説していきます。

まず、株鬼流のCCで**最も重要なのはチャートのパターン分析**です。

私が最も時間と労力を費やしているのは、「さまざまな銘柄のチャート上に特定のパターンが出現しているかどうか」のチェックです（本章では、その他にも多様な角度からCCについて説明していきます）。

具体的には、株式市場に上場している膨大な銘柄の中から特定のパターンを描いている銘柄のチャートを見つけ出し、**株価がどう動くのかを予想しつつ確認すること**です。

なぜなら株式チャート上には、相場が上昇する可能性が高まっていることを示す特定のパターンが現れるからです。そしてそれら特定のパターンが出たら、以後に株価が法則的な動きをする可能性が非常に高いのです。

したがってそれら特定のチャートのパターンが頭に入っていれば、**チャートをひと目見ただけで勝ちパターンを見つけられ、相場の上昇をいち早く察知できる**というわけです。

このように上昇が見込まれるチャートのパターンを他の投資家に先駆けて見抜くことが

できれば、大きな勝ちに結びつくことになります。

なお、**チャートのパターンには「相場が上昇する可能性が高まっていることを示すもの」と、「相場が下落する可能性が高まっていることを示すもの」**があります。

もちろん「相場が下落する可能性が高まっていることを示すパターン」も覚えておく必要があります。株価が下がるのを事前に察知できれば、うっかり手を出してしまうこともなくなるうえ、素早く売り逃げることもできるからです。

しかし、**まずは「上昇が見込まれるチャートの形」から覚える**ことが大切です。

それには、より多くのチャートを見比べることです。

では、肝心の「勝ちパターン」にはどのようなものがあるのか？

基本的なパターンを列挙すると、次の5つになります。相場がかなり強いことを示すものですから、「**必勝パターン**」と呼んでもいいでしょう（これらは第4章で解説します）。

- **必勝パターン①「BC30」**
- **必勝パターン②「BCブリッジ」**
- **必勝パターン③「2日T」**
- **必勝パターン④「ソーサー」**
- **必勝パターン⑤「W」**

Kabuki's Basic

3-3

株鬼流で最も重要なチャートパターン「N」

前項で5つの「必勝パターン」を紹介しましたが、株鬼流ではその中でも特に**必勝パターン①の「BC30」を重視**しており、さらにその基本となる形があります。

まずはこちらをきちんと解説しましょう。なおその他の必勝パターンについては、先にも述べたようにBCの攻略も含めて第4章で詳しく説明していきます。

株鬼流にとって、**最も重要なチャートの形は「N」**です。**Nはすべての基本**になりますので、しっかり理解してください。といっても、それほど難しいものではありません。簡単にいうと、チャートがアルファベットの「N」の形に見えるパターンのことです。

次ページの図表3－1を見てください。Nがどのようなものか具体的に説明します。

下降していた、または保ち合い（33ページ参照）が続いていた足が上昇に転じた陽線の始値をA点とします。なお**A点は、陰線ではなく陽線に限ります**ので注意してください。

そして、安値が前日安値よりも下回った（ケツ下げした）、もしくは高値が前日高値よりも下がった時点でB点がつきます。このときは陽線か陰線を問わず、ケツ下げした足の**前日の高値がB点**となります。

図表3-1 ■ Nの形

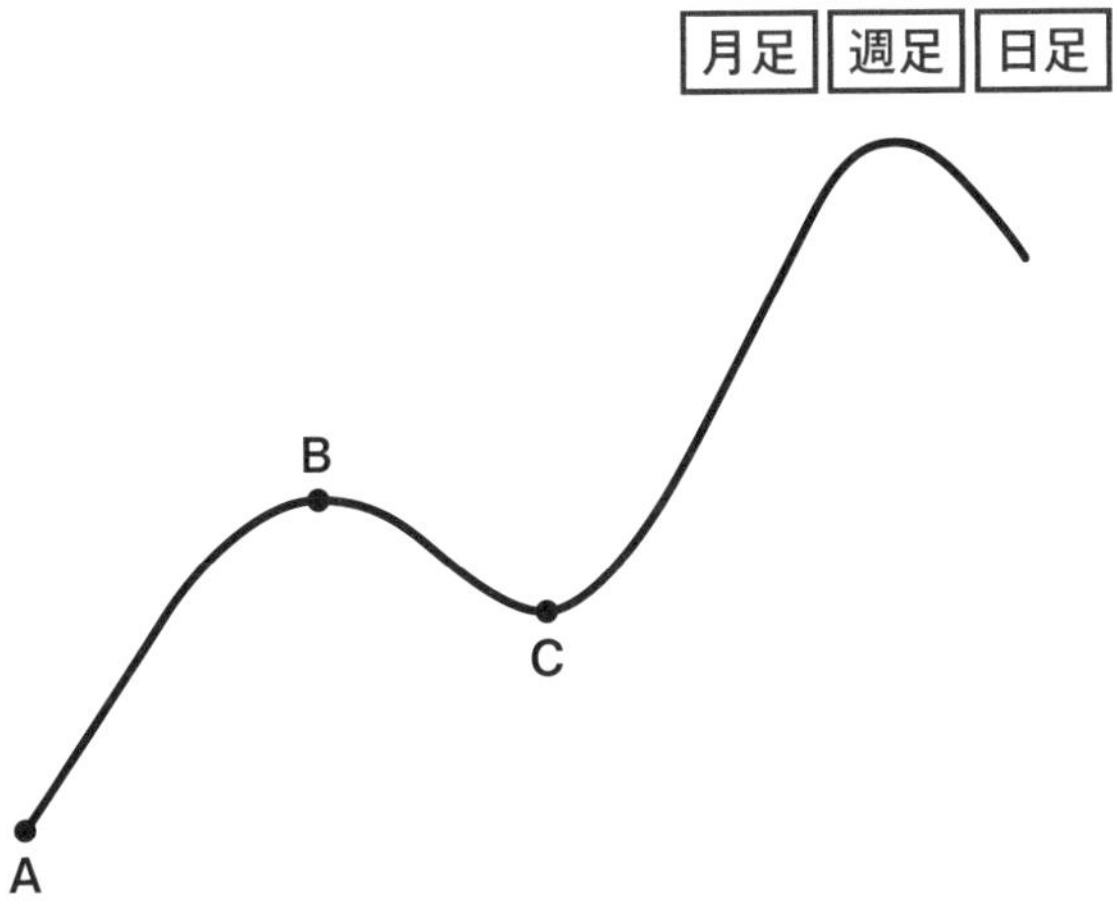

図表3－1のA点から上昇し始めた株価がB地点でいったん反落しますが、その下落がC点で止まり、再び上昇に転じたとき、チャートは「N」の形になります。

押しが浅く下げ止まり、力強く切り返してきた「N」はよい形です。このパターンが出現してB点を抜けたら、その後はさらなる上昇が見込まれます。たとえるなら、大きくジャンプするために、いったんしゃがみ込んでエネルギーを溜めているイメージです。

先にも述べましたが、相場はエネルギーです。このエネルギーが溜まっていき、それが放出されるというイメージを持つことが大切なのです。チャートチェックをするときは、まずは**「週足」と「日足」、そしてトレンドを探るうえで「月足」を見るという手順で、「N」の形を探す**ところから始めます。

Kabuki's Basic

3-4

CCで「BC」と「BC30」の見方を身につける

株鬼流のチャートチェックで最も重要なNの形を理解していただけたでしょうか。

ここから先は、74ページの図表3-2を見ながら説明を読み進めてください。

図表3-2では、A点から上昇し始めた株価がB点でいったん反落し、C点から上昇に転じるというように株価が動いています。

このように株価が推移したとき、株式チャートが先に説明したアルファベットの「N」の字を描いているように見えませんか？

先述したように株鬼流では、この「N」のパターンをとてもよい形と捉えています。**浅く下げ止まった「N」であれば、さらなる上昇が見込める**からです。

重要なので何度も述べますが、上昇してきた足がいったんしゃがんでエネルギーを溜め、さらに高くジャンプするようなイメージです。実際には、このジャンプのタイミングを見極めて仕掛けます。なお「N」は、日足にも週足にも適用します。

その**「N」の仕掛けの目安となるのが「BC30」**です。「30」とは30％という意味ですが、具体的にはB点からC点への押し（下落）がA点からB点への上昇幅に対し、その

30％以内にとどまっているということです。

計算式にすると、（B－C）÷（B－A）。この値が0・3以内ということです。

大事なのは「押しが浅い」ということで、30％以内であれば押しは浅いといえます。一方で30％よりも押しが深ければ、再び跳ね返して上昇していくパワーが足りずに下落してしまうおそれが高まります。

チャートチェックでは、まずチャート上で「N字のABC」を発見することからスタートし、そしてそのパターンを見つけたら、次は「BC30＝BからCへの下落が30％以内」にとどまっていて、**「押しが浅い」かどうかを確認**してください。

チャートチェックでこの作業を何度も繰り返していけば、自然と仕掛けのタイミングがつかめてくることでしょう。後に詳しく解説しますが、「**SP（仕掛けポイント）**後述」は、C点をつけた足が再び上昇してB点の価格を抜けた時点です。

ただし**「30％以内」というのはあくまでも基本**です。押しが30％にとどまるケースはかなり少ないため、実際には35％くらいまで見てもいいでしょう。なお、40％以上まで押してしまった場合は、再び上昇に転じる可能性がかなり低くなるといえます。

このようにNとBC30を見つけるのが基本ですが、日々のチャートチェックでは次項で説明するように**「押さない、詰まった、ケツ上げ」の銘柄を探す**ことを習慣づけてください。

図表3-2 ■「BC30」の例③ 日本たばこ産業(2914)の日足

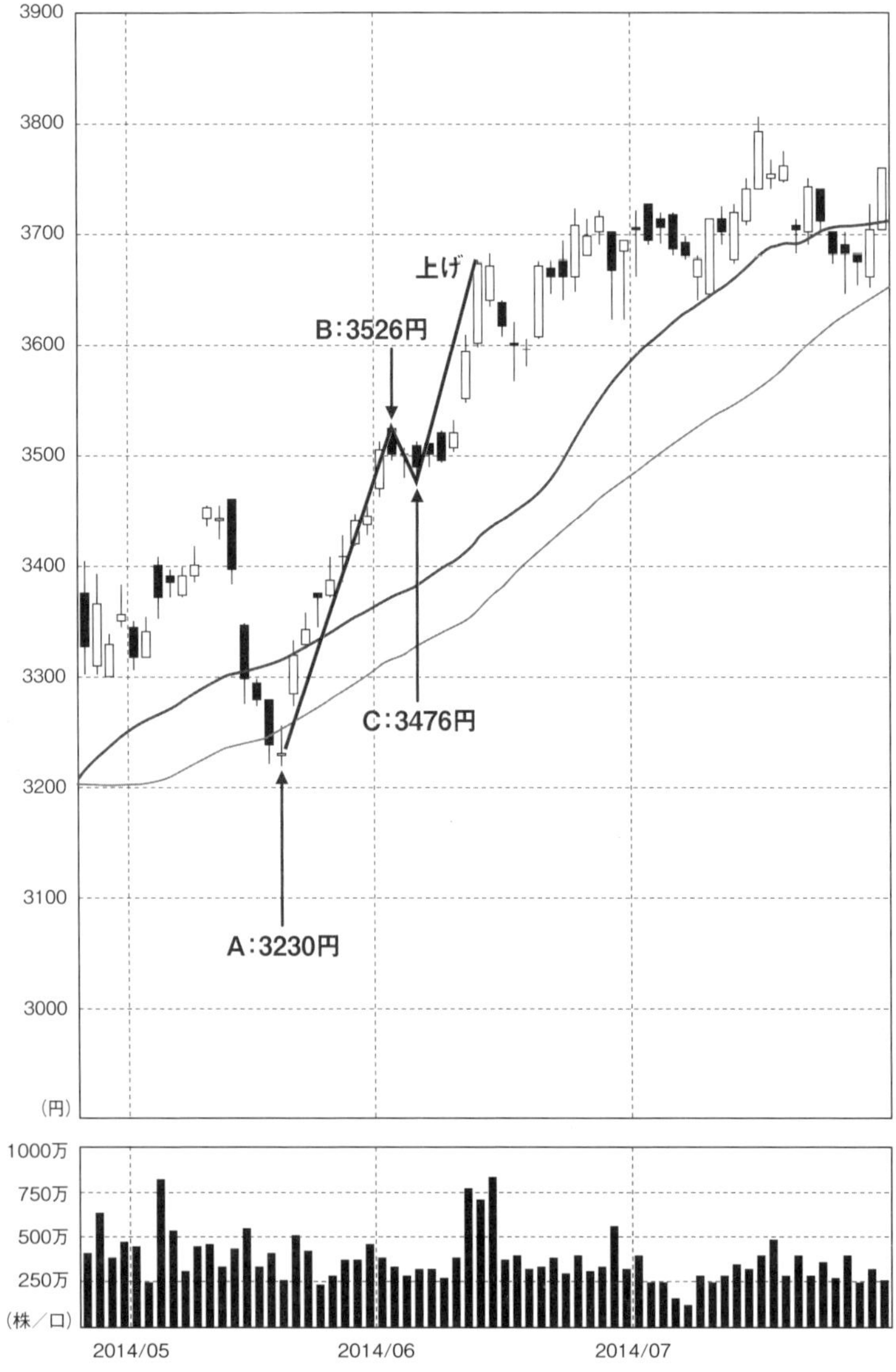

Kabuki's Basic

3-5 「押さない、詰まった、ケツ上げ」を探す

取引は月曜日から金曜日まで行われていますから、チャートチェックは日々欠かすことのない日課としましょう。

そして、5つの「必勝パターン」を探すとともに、**「押さない、詰まった、ケツ上げ」という絶好の仕掛けのチャンス**が到来していないかどうかを見定める目を身につけてください。

最初のうちは面倒に感じるかもしれませんし、なかなかピンとこないかもしれません。しかし毎日続けていくうちに、自然と「必勝パターン」や「押さない、詰まった、ケツ上げ」といった形に敏感に反応できるようになってくるはずです。

おそらく、読者には「押さない、詰まった、ケツ上げ」がどのような状況を意味しているのかがピンとこないでしょうから、ここで簡単に説明しておきます。

まず、「押さない」については「BC30」のところでも述べたように、**押し（上昇中だった株価の反落）が浅い**ことを意味しています。それほど押さず、上昇のエネルギーを溜めているということを表しているわけです。

続いて**「詰まった」とは、高値と安値の間隔が狭い**ことです。狭い値幅の中で小さく上下動を繰り返していくうちにエネルギーが蓄積していき、そのエネルギーがいったん放たれれば一気に上昇していく可能性が高いのです。

残る「ケツ上げ」については第2章でも説明しましたが、**安値が着実に切り上がっている（安値が次第に上がってきている）**ことです。やはり、このケースも強い動きを示します。

対照的に、**手を出すべきではないのが「安寄り」と「ケツ下げ」**です。

「安寄り」とは、前営業日の終値よりも安い始値がついて取引がスタートすることです。まさに出端を挫かれたかのように最初から弱い状態となっているため、仕掛けるべきではありません。

また、**「ケツ下げ」は「ケツ上げ」とは正反対のケースで、安値が切り下がっていること**です。ジリジリと後退を余儀なくされているわけですから、こちらも手出しは無用です。

このようにして毎日のチャートチェックで、できるだけ多くの株式チャートに目を通して「押さない、詰まった、ケツ上げ」を探して、経験を積み重ねていきましょう。

Kabuki's Basic

3-6

「出来高」急増の銘柄を探す

5つの「必勝パターン」のいずれかを株式チャート上で見つけ出すとともに、**「出来高」**が大きく増えていることをチェックしつつ銘柄を探すことも重要です。

出来高とは、売買が成立した株数のことです。

仕掛ける際には、この出来高が大きく増加していることが絶対条件になります。

出来高が増加しているということは、取引が活性化しているということであり、株価の上昇が続く可能性が高いということなのです。

つまり**出来高は、株価上昇の原動力（エネルギー）**なのです。

したがって出来高の増加が伴っていなければ、たとえ株価が一時的に上昇したとしても、すぐに失速して下落に転じてしまいます。反対に一時的に小さく下げたとしても、出来高の増加が顕著であれば、反発の期待も高まってきます。

「出来高は百難を隠す」と表現しても、けっして言い過ぎではないのです。

なお、下げ幅が40％くらいの深い押しとなった場合は手出し無用と先に述べましたが、強烈に「出来高」が膨らんでいる場合は、上昇する可能性が十分にあります。

それほど「出来高」というものは重要な要素なのです。

では、具体的にどれくらいの出来高であれば「大きく増加している」とみなしていいのか、つまり「**必要出来高**」について具体的に解説しましょう。

まず、直近（数カ月〜数年くらい）の「月足」の出来高をチェックし、最高出来高を探します。このとき**チェックするのは「陽線の月足」に限ります**。いくら出来高があっても陰線であれば無視してください。

この**最高出来高を概算営業日数の20で割り、現在の「日足」の出来高がその数値の7割程度あればいい**でしょう。仕掛けの好機といえます。

計算式にすると、次のようになります。

「過去の月足陽線での最高出来高÷20×0・7」

また、当日の寄り付き（その日の最初の取引）前の**「成行買い注文」の株数の最低10〜20倍がその日に出来るのが理想**です。

たとえば寄りで100万株の成り買いが入れば、その日の総出来高は最低でも1000万〜2000万株ほど出来たら合格といえるでしょう。逆に考えれば、先ほど算出した**必要出来高の5～10%の成り買いが寄りに入っていればOK**ということになります。

たとえば「BC30」を見つけ、出来高の増加も確認できたとします。ですが、そこで安心し切ってはいけません。あっという間に人気が離散して下落してしまう場合もあるからです。

出来高というのは、先述のとおり**エネルギーであり、その銘柄の人気度**ともいえます。人気が高まれば株価も上がり、人気がなくなれば下落するということ。ですから、その人気が本物なのか、それともすぐに離散してしまうものなのか、それを見極めなければいけません。

それを**見極める指標の1つが「NGR」**です。

NGRとは、前場の出来高に対する後場の出来高の比率。その日の「後場の出来高」から「大引け（後場の最終取引）時の出来高の80%」を引き、それが「前場の出来高」に対して何パーセントであるかを算出します。

（「後場の出来高」－「大引け時の出来高×0.8」）÷「前場の出来高」

このパーセンテージが低いということは、上昇していくエネルギーが足りないということです。したがってその銘柄はのちに、下がってしまい下落する可能性が高くなります。

たとえば、前場の出来高が600万、後場の出来高が500万、大引けの出来高が100万だったとします。この場合なら、「500万−（100万×0・8）」÷600万＝0・7、つまり70％となります。

この値が、本来なら80％以上はほしいところです。最低でも60％はないと、人気が続かない可能性が高くなります。

目前の出来高だけに注目するのではなく、このように前後の動きを見ることが大切です。

もうひとつ、人気の継続を見極める方法があります。

その指標が「VH」で、これは「当日の出来高」を見て人気が継続しているかどうかを判断する方法です。

VHでは、**「当日の出来高」が「前日の出来高」に対して60％以上あれば人気が継続し**ているとみなしていいでしょう。

反対に60％よりも低い場合は、その後の**勢いは小さくなる**と考えられるので、対策を取るのが賢明です。

図表3-3 ■「出来高」の例 昭和電工(4004)の日足

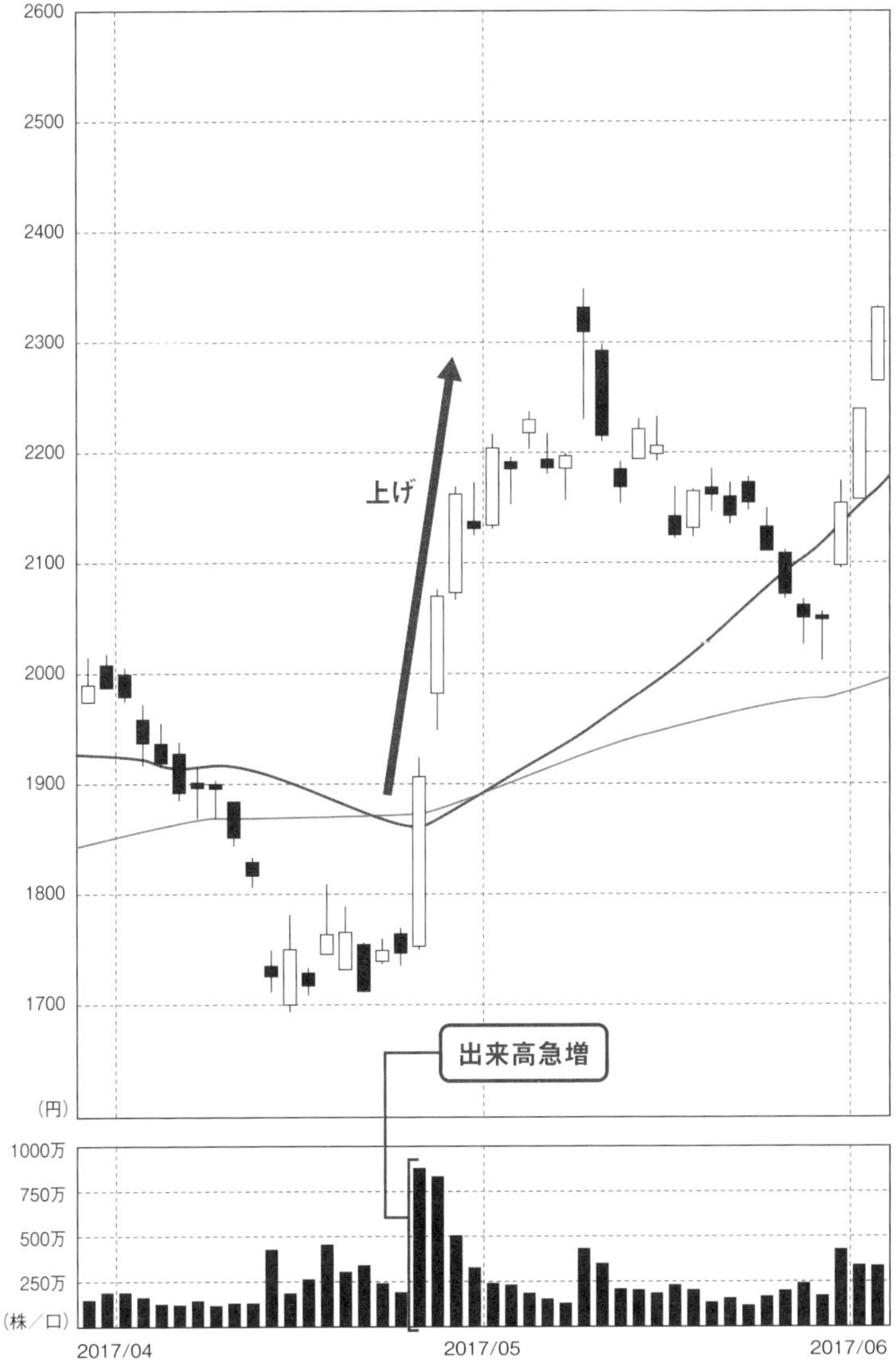

Kabuki's Basic

3-7

信用取引の取組み状況を確認する

株鬼流では、日々のチャートチェックで信用取引を利用している投資家たちの動向についてもつねに観察します。

なぜなら、彼らの動き（売り残や買い残の増減）がその後の展開に少なからず影響を及ぼすからです。

望ましいのは、「株価の上昇とともに信用取引の買い残が増えている」という状態です。ひと言でいえば、それは人気の証しだからです。

対照的に、**「株価の下落とともに信用取引の買い残が増えている」というケースもありますが、こちらは絶対に追いかけてはいけない**パターンです。弱気の投資家が群がり、相場はさらなる下落につながっていくはずです。

また、**信用取引の取組みが拮抗していたり、売り残が買い残を上回っていたりするケースも見送ったほうがいい**でしょう。売っている投資家がいずれ決済のために買い戻すと考えられがちですが、それは大きな誤解です。

ここではまだ難度が高いので詳しい説明は省きますが、「つなぎ売り」と呼ばれる手法を用いている投資家が売り残を増加させている可能性も高く、「買い戻しが入るはず」と短絡的に解釈するのは危ういからです。

ともかく、大半の投資家が喉から手が出るほどほしくて買い漁っている状態こそが強い相場で、そのような場合には売り残ではなく、買い残のほうが増えていくのが自然です。

重要なポイントなので繰り返します。**信用取引の買い残は「株価の上昇とともに増えている」のが理想形で、「株価の下落とともに増えている」のは好ましくありません。**

後者の現象は、「弱気」の投資家がナンピン買いを入れていることから発生していると考えられます。ナンピン買いとは、自分の買い値よりも株価が下がることから、追加の資金を投入して平均の買い値を下げようとすることです。買い増しを続けるうちに資金も枯渇していくので、まさしく自殺行為といえます。

こうした「弱気」の投資家が買っている相場は、絶対に追いかけてはいけません。

ただし、**買い残がピークから30%程度減少したら、弱気のナンピン買いが減ってきたと判断できる**でしょう。

いずれにしても日々のチャートチェックで信用取引の取組み状況を確認して、「将来需要」を見極めるようにしましょう。

Kabuki's Basic

3-8

仕掛け動機と仕掛けポイントを見つける

ここでは「**仕掛け動機（SD）**」と「**仕掛けポイント（SP）**」について解説しましょう。

仕掛け動機（SD）とは、その名のとおりその銘柄に仕掛けようと決める動機（きっかけ）のことです。

たとえばチャート上において、先述の「BC30」をはじめとする5つの必勝パターンや、今後上昇するであろう兆しを見つけたことから、その銘柄に仕掛けようと狙いを定めることを指します。

このSDが曖昧だったり甘かったりすると、仕掛けが失敗してしまうため、しっかりと見極めることが大切です。

そして**仕掛けポイント（SP）は、仕掛ける際の具体的なタイミングのこと**です。

たとえば基本的な「BC30」では、SPは、日足でC点をつけて上昇した後の「B点を抜けた」時点。そのタイミングを見逃さずに買いを入れるのです。

5つの必勝パターンを例に説明すると、「BCブリッジ」のSPも同じくB点抜けのタイミング。「2日T」や「ソーサー」「W」の場合は、日足のYHO（前日の高値を抜いた時点）で仕掛けます（第4章参照）。

このように、SPはチャートパターンごとに決まっています。

まずは**SDで仕掛ける銘柄を見極め、SPのタイミングを逃さずに仕掛ける**。これが基本となります。

とはいえ、膨大な銘柄の中から近々上昇しそうな兆しの銘柄、つまりSDを見極めるのはかなり大変なこと。そこで日々、チャートチェックを続ける中で重視してほしい感覚が、「**OAHKの法則**」です。これに「**I**」も加わります。

後述しますが、これは「**O＝おかしい**」「**A＝あやしい**」「**H＝変だ**」「**K＝くさい**」「**I＝（大口の買い方が）いる**」**という5つの感覚**のことです。相場を見ていて「なんでここを抜けてくるのだろう？」「なんでこんなに出来高があるんだろう？」など、いつもと違う兆候を敏感に感じとる感覚を研ぎ澄ましてほしいのです。

いつもと違う動きというのは、買いまたは売りのチャンスにつながります。**日足で「OAHKの法則」を感じたら、その銘柄の月足、週足をじっくりチェック。そして強い動きをいち早く見つけたら、日足でSPを見つけて仕掛ける**のです。

この作業を毎日続けて、仕掛けの感覚を養いましょう。

Kabuki's Basic

3-9

値幅測定をして目標株価を設定する

チャンスを逃さず仕掛けることが一番ですが、ベストのタイミングで売り抜く（利益を確定させる）ことも極めて重要です。したがって、**あらかじめどの程度の値幅（買い値からの上昇余地）が狙えそうかを見定めておくことが必要**になります。

その目安として設定するのが、先にも述べたTP（目標株価）です。

一般的なTPはファンダメンタルズ分析をもとに算定されていますが、株鬼流ではあくまでチャート上の推移をもとに測定しています。TPにおいても「過去の法則性に着目する」というテクニカル分析の視点から算定するのです。

TPは、注目している銘柄が中期的にどこまで伸びるかの当たりをあらかじめつけておくためのものです。仕掛けや手仕舞いなどは基本的に日足でタイミングを計りますが、このTPに関しては中期的に考察したいので、基本は週足で測定します。**TPを測る際にまず行うことは、週足で過去にさかのぼって「押し」ている部分を探す**ことです。上昇途中で押しているため「N」や「W」のような形になっていることが多いからです。

図表3-4■TPの測定法

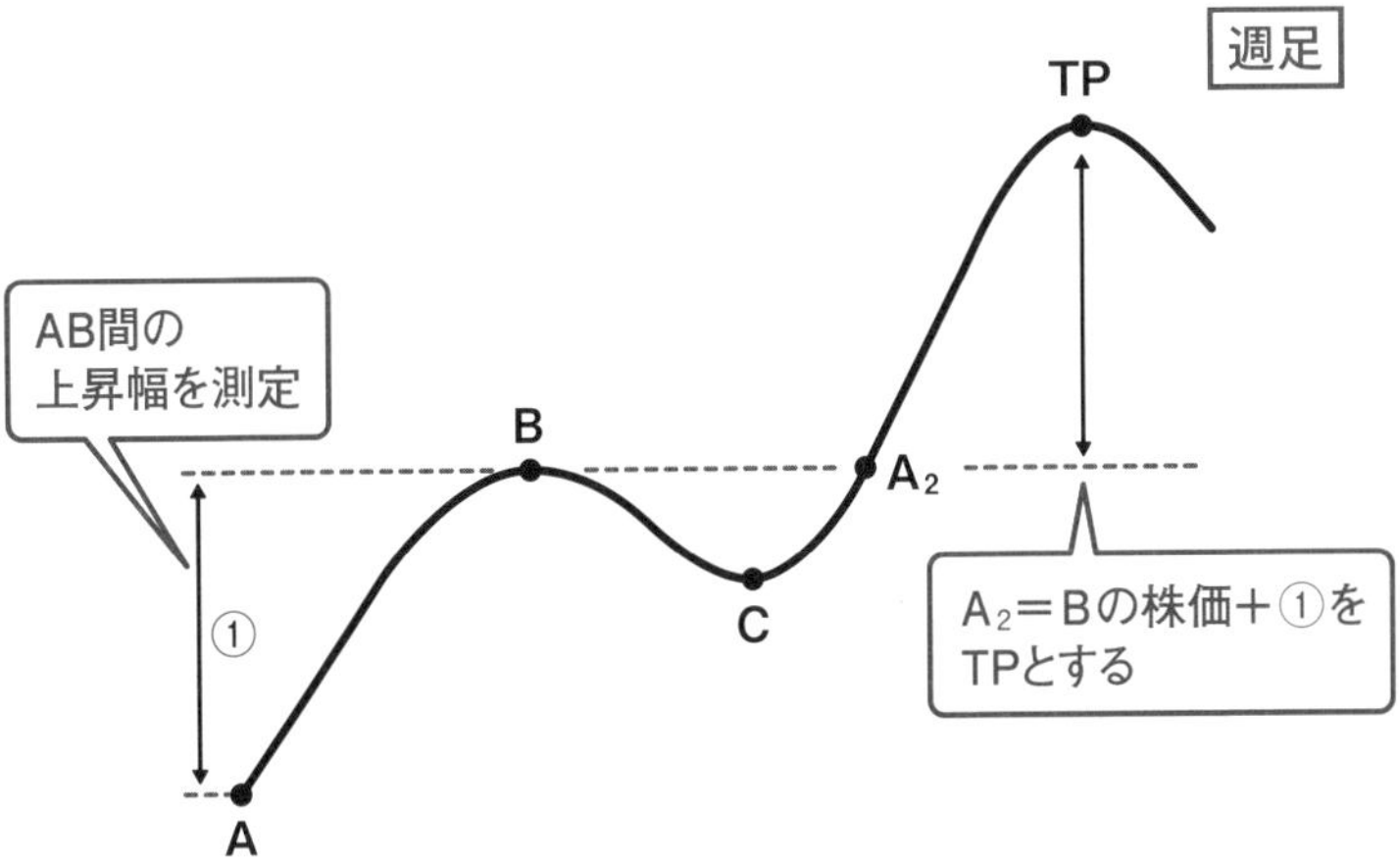

たとえば上の図表3－4のとおり、A点から上昇し始めた株価がB点でいったん反落し、C点から上昇に転じるという「N」の形の場合は、AからBまでの上昇率と同程度は伸びると予想できます。したがってA～B間の上昇幅を測定し、Bの値を再び抜ける前の始値（A_2）の株価にそれを足したものがTPとなります。「W」の場合も同じで、A～B間の上昇幅と同程度の伸びが期待できます。

NのTP＝（B－A）＋A_2

もっとも「最低限」といっても、TPはその水準に達したらすぐさま手仕舞いするというポイントではありません。**TPを突破しても上昇が続いていれば、目先でケツ下げに転じるまでは、ひたすら保有し続けます。**

一方でTPに届かずにケツ下げした場合は、その時点で手仕舞いをします。

TPは、いわば先の株価を予想するための目安です。仕掛けた後に、ただ足の動きを眺めるのではなく、「TPに到達したからこれ以上はあまり上昇しないな」「すでにTPに近いから今仕掛けても遅いな」と考察・判断するためのものです。

これは、**すべての手法に共通する**ことです。

たとえば「BC30」でも、チャートがB点をつけたら「この価格までに下がり止まれば仕掛ける」と先に予想を立てておくことで、チャンスがきたときにいち早く仕掛けることができるわけです。

第 4 章

「株鬼流」株式チャートの必勝パターン

Kabuki's Basic

Kabuki's Basic

4-1 なぜチャートのパターンを重視するのか？

株価で何が起きるのかを百パーセント言い当てることはできませんが、**株価の動きには法則性があり、それに注目するのがテクニカル分析です。**

そして、過去の膨大なデータを長年にわたって分析し続け、「このような動きになったら、次はこういった動きになる確率が高い」と私が割り出したチャートのパターンが多くあり、それらの中でも5つのものを「株鬼流」では重視しています。

この**5つのチャートパターンのいずれかが現れたら、株価が上昇する可能性がかなり高いため、絶好の仕掛けタイミングを教えてくれるシグナル**になります。

第3章でも述べましたが、チャートパターンには「相場が上昇する可能性が高まっていることを示すもの」と、「相場が下落する可能性が高まっていることを示すもの」があり、株鬼流で注視している5つは前者の典型です。

あらためて列挙すると、次ページの5つになります。

それぞれ具体的に、株価がどのような動きを示したら、その後にどういった展開が見込まれるのか、5つの「必勝パターン」を個別に解説していきましょう。

図表4-1■必勝パターン

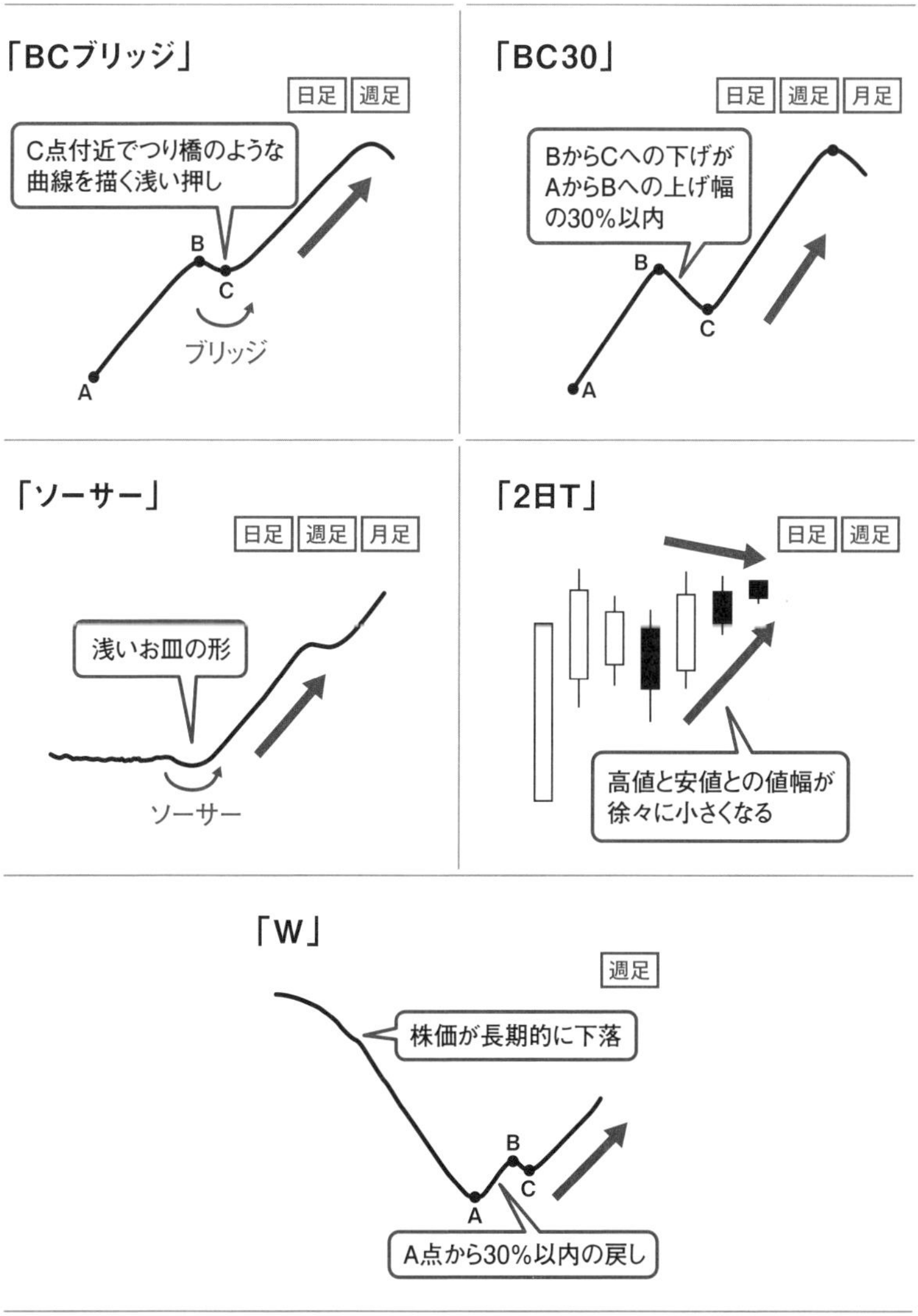
「BCブリッジ」
日足
週足
C点付近でつり橋のような曲線を描く浅い押し
B
C
A
ブリッジ
「BC30」
日足
週足
月足
BからCへの下げがAからBへの上げ幅の30%以内
B
C
A
「ソーサー」
日足
週足
月足
浅いお皿の形
ソーサー
「2日T」
日足
週足
高値と安値との値幅が徐々に小さくなる
「W」
週足
株価が長期的に下落
B
C
A
A点から30%以内の戻し

Kabuki's Basic

4－2

必勝パターン①「BC30」

すでに「BC30」については第3章で説明したように、株価が「N」の形で推移するものです。上昇中の株価はいったん押した後、再び上に突き抜けて上昇するという流れを辿っていきます。

91ページの図表4－1のように、「BC30」はまずA点から上昇し始め、いったんB点で高値をつけてから反落します。しかしC点から反騰し、B点の高値をあっさり上抜いて続伸するという足を描くのが特徴です。これは**株鬼流で最も基本となるパターンですから、チャート上で難なくこれを見つけ出せる**ようにしてください。

■「BC30」はどう攻略するのか？

前述したとおり、このチャートパターンを確認できた場合、仕掛けのタイミングは、91ページの図表4－1のように**C点から反発してB点の水準を上抜いた直後**です。

リアルタイムで「ザラ場」を見ることができる人は、動いているチャートの分足を見ながらB点の価格を抜けたタイミングですぐに仕掛けることができるでしょう。一方でザラ場を見られない「ナイト」の人は、翌日の「寄り付き」がB点を抜けたSP（仕掛けポイント）で仕掛けるといったやり方で対応すればOKです。

そして、先述したTPを利益確定の売りを入れる当面のメドとしつつ、状況に応じて可能な限り大きな利益を追求します。

TPに到達してもすぐに売ってしまわず、上昇が続く限り保有し続けます。日足チャートがケツ下げに転じるまでは、利益確定を急ぐ必要はありません。

一方、**仕掛けた後に動きが弱まって下げに転じた場合は、「BC30」のパターンが崩れたとみなして手仕舞い**します。

■「BC30」の実例

それでは、実際に「BC30」の過去の事例を見ていくことにしましょう。

95ページの図表4－2のチャートは**任天堂（7974）の日足**で、2016年7月6日に13835円の安値をつけた後の始値14005円がA点となっています。

A点となるのは、陽線が立った時点における始値です。そして、翌週7月12日の日足で23045円の高値（B点）をつけ、その翌日には21010円まで押しました（BC

23)。しかし、その後は高値を切り上げて急伸しました。

次は、96ページの図表４－３に掲載した**商船三井（９１０４）の日足**チャートに注目してください。この銘柄は２０１２年12月12日、２０１０円の安値をつけてから２０２０円のA点をつけて上昇しNの形となりました。

実は、このチャートは少々変則的なNとなっています。同年12月19日に２３００円の高値をつけてその日は陰線となったのですが、以後はケツ上げ基調となっていき、ついには急伸したのです。

つまり、B点以降がケツ下げとなっておらず、C点はB点と同日の安値だったと判断できます。B点の水準を上抜いた時点で仕掛ければ、翌年1月16日にケツ下げに転じるまでの上昇を利益に結びつけられたことになります。

最後に、簡単に判別できる非常に明確な「BC30」の実例を紹介しておきましょう。97ページの図表４－４の**双日（２７６８）**は、２０１５年４月14日の始値２０４円が起点(A点)となりました。

同年4月27日に２３９円の高値をつけたところがB点で、4月30日には２２８円まで売られ(C点)、そこからケツ上げに転じたうえで急騰しています。双日はさらに5月にもBC30が現れています。

図表4-2■「BC30」の例① 任天堂(7974)の日足

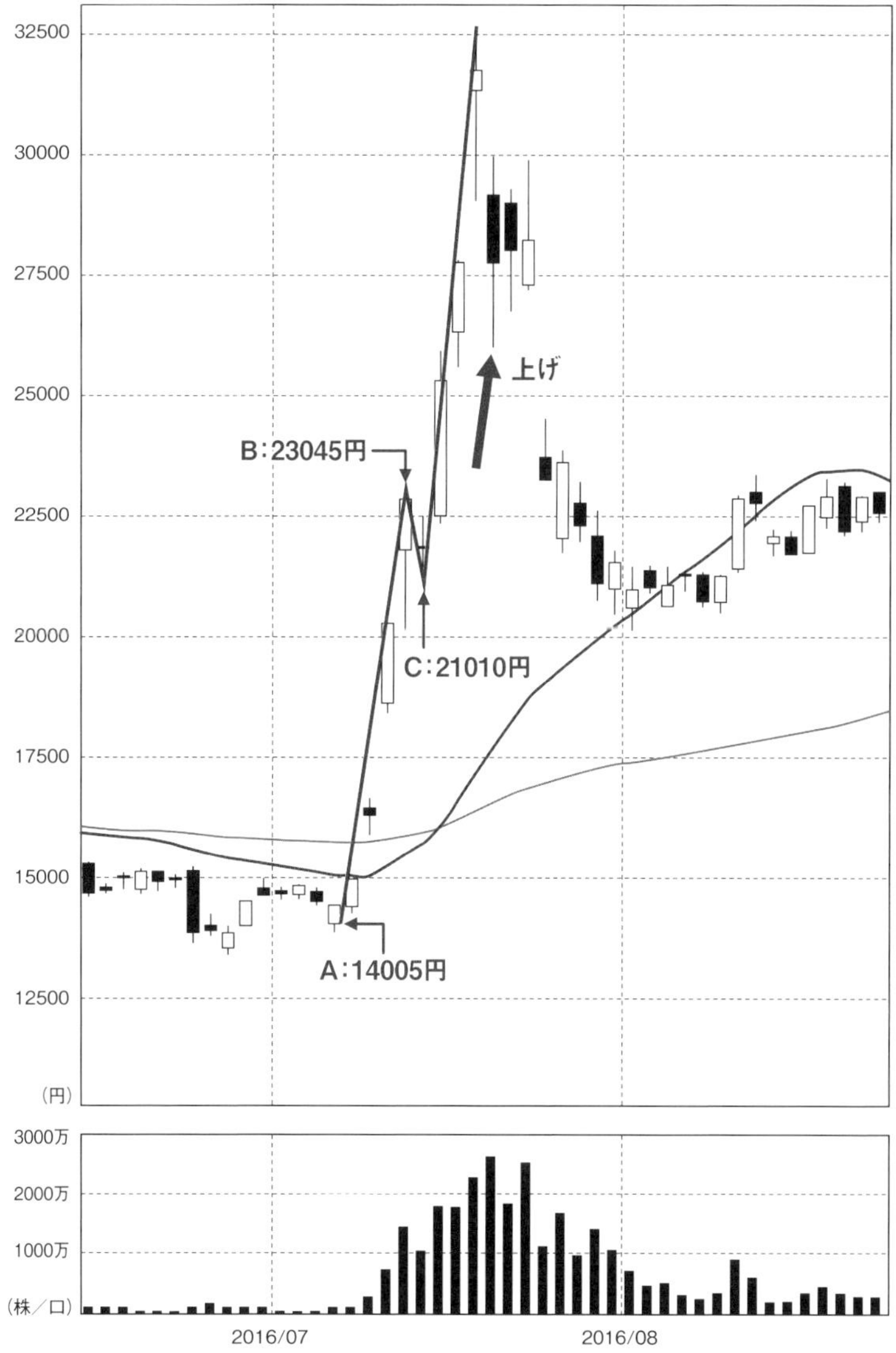

図表4-3 ■「BC30」の例② 商船三井(9104)の日足

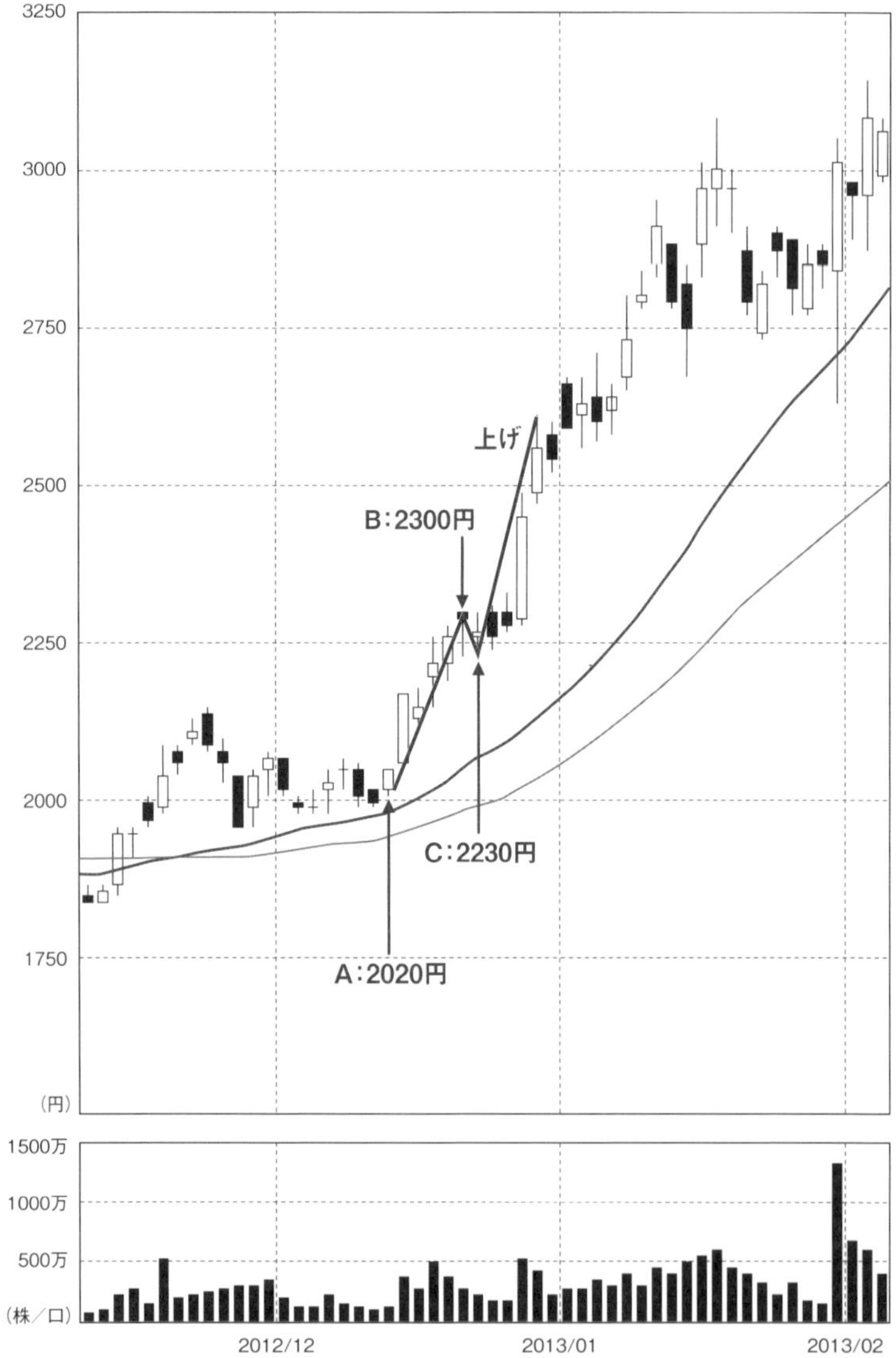

図表4-4 ■「BC30」の例③ 双日(2768)の日足

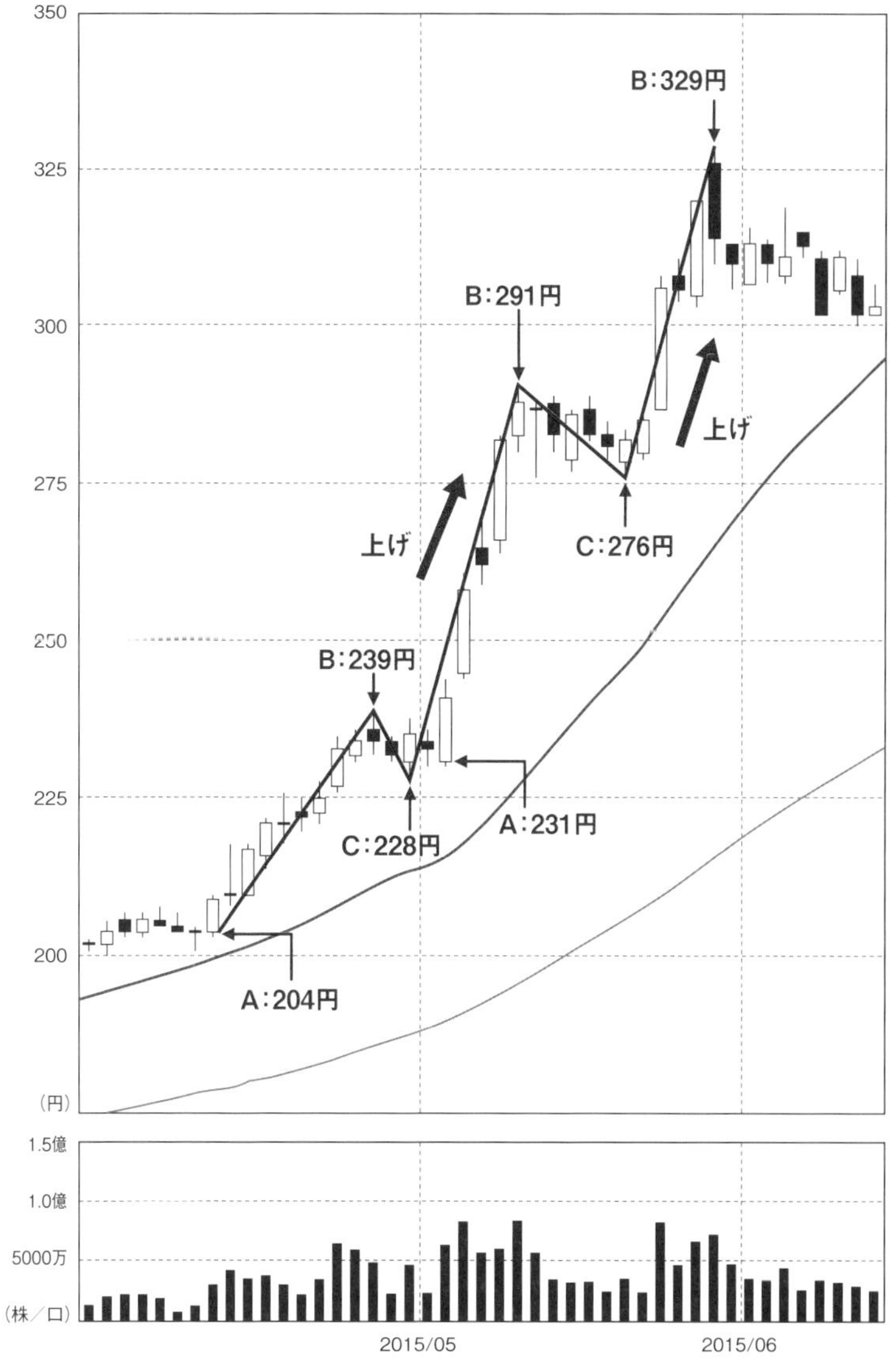

Kabuki's Basic

4-3

必勝パターン②「BCブリッジ」

続いては、「N」の変形である「**BCブリッジ**」というパターンについて説明しましょう。A点から上昇し始めた株価がB点で高値をつけるところまでは、「BC30」と似たような動きとなっています。

異なるのは、B点からC点に至るまでの推移です。通常の「N」は下押しか、ほぼ同値でも陰線が連続するような弱含みの状況となります。これに対し、「BCブリッジ」は91ページの図表4－1のような**B点からC点が吊り橋のようにゆるやかなカーブを描いた形**です。

この場合も「BC30」と同じように、B点の水準を上抜けば大きく上昇する可能性が高いと考えられます。

この足を形成したとみなすには、**日足なら3日あればいい**でしょう。なお、「BCブリッジ」の**BとCの幅は30％以内でなくてもかまいません**。

厳密に数値を探るというよりも、ローソク足がなんとなくブリッジに見えればよいので、まずは何度も見て美しい形を覚えましょう。

基本は週足と日足で「BC30」や「BCブリッジ」を探すこと。さらに、この後に説明する「2日T」の3つに徹すれば、負けることはありません。

■「BCブリッジ」はどう攻略するのか？

「BC30」のパターンと同じように、**仕掛けのタイミングはB点の価格を抜けた直後**です。91ページの図表4－1のように、自分の狙い通りに株価が上昇したらそのまま保有し続ける一方、**ケツ下げのように弱い動きに転じたら潔くあきらめて手仕舞い**します。

B点の価格を抜けずに下がってしまうようなら、それは仕掛けの対象外となります。

なお、TPはとりあえずの目標点にすぎず、まだまだ上昇が続くようなら利益をさらに伸ばすために保有し続けます。

■「BCブリッジ」の実例

本書では、「BCブリッジ」を描いた実例を3銘柄ピックアップしてみました。

1つめは、101ページの図表4－5に掲載している**りそなホールディングス（8308）の週足**チャートです。同銘柄は2005年8月8日以降、2週連続で大陽線を描いて上昇した後、典型的な吊り橋の形で推移しています。

４週連続の陰線となったのですが、最初のうちはケツ下げ気味で後半はケツ上げに転じ、ついには垂直上昇を遂げていったのです。


次に、１０２ページの図表４－６に掲載している２０１５年5月7日から5月21日にかけての**東京電力ホールディングス（９５０１）の日足チャート**においても、やはり「ＢＣブリッジ」のパターンを確認できます。同銘柄は5月1日の４７９円の安値から反発し、5月13日に５２８円の高値をつけました（Ｂ点）。

その後、やはり吊り橋の形状を描くように推移したうえで、２本の大陽線を描いて大幅上昇を記録しています。調整局面で充填されたエネルギーが一気に噴き上げた格好です。


また、１０３ページの図表４－７に掲載した**第一三共（４５６８）の日足チャート**も「ＢＣブリッジ」です。２０１８年6月8日から6月14日にかけての推移です。

やはり、吊り橋のような形状を描いてローソク足が推移していることがわかります。この場合、Ｂ点の水準を抜けた付近が絶好の仕掛けタイミングとなりました。

図表4-5■「BCブリッジ」の例① りそなHD(8308)の週足

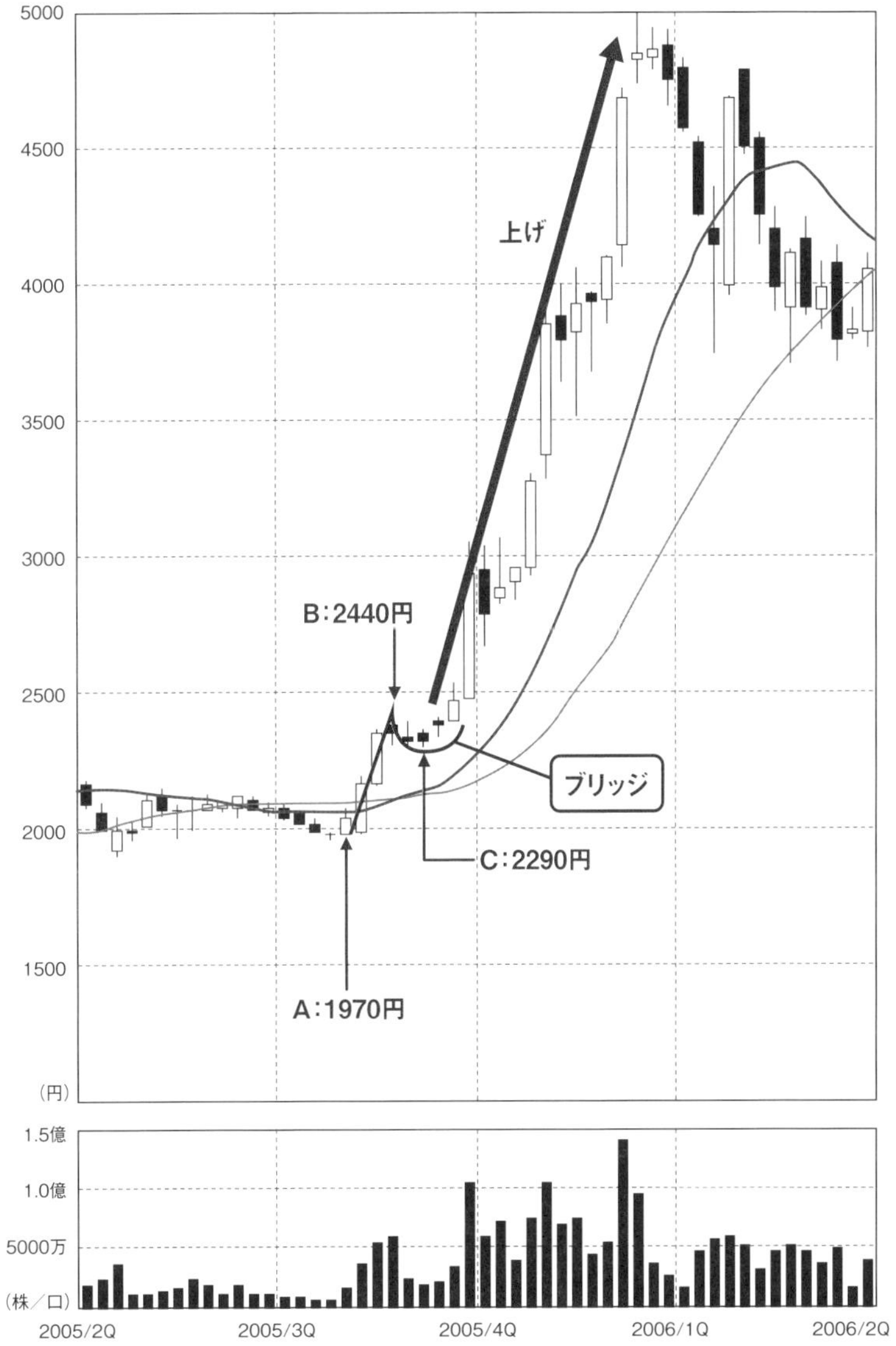

図表4-6 ■「BCブリッジ」の例② 東京電力HD(9501)の日足

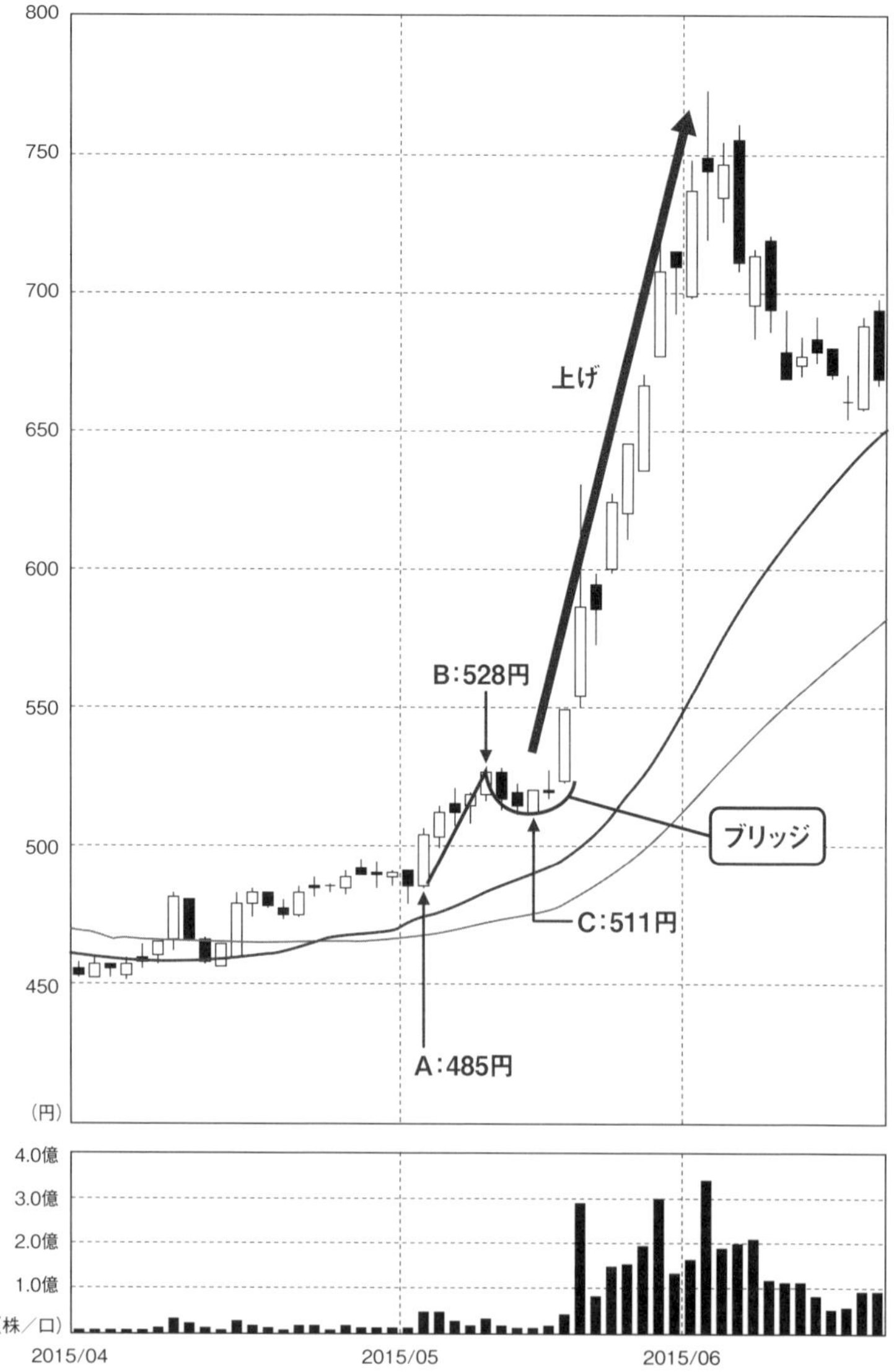

図表4-7 ■「BCブリッジ」の例③ 第一三共(4568)の日足

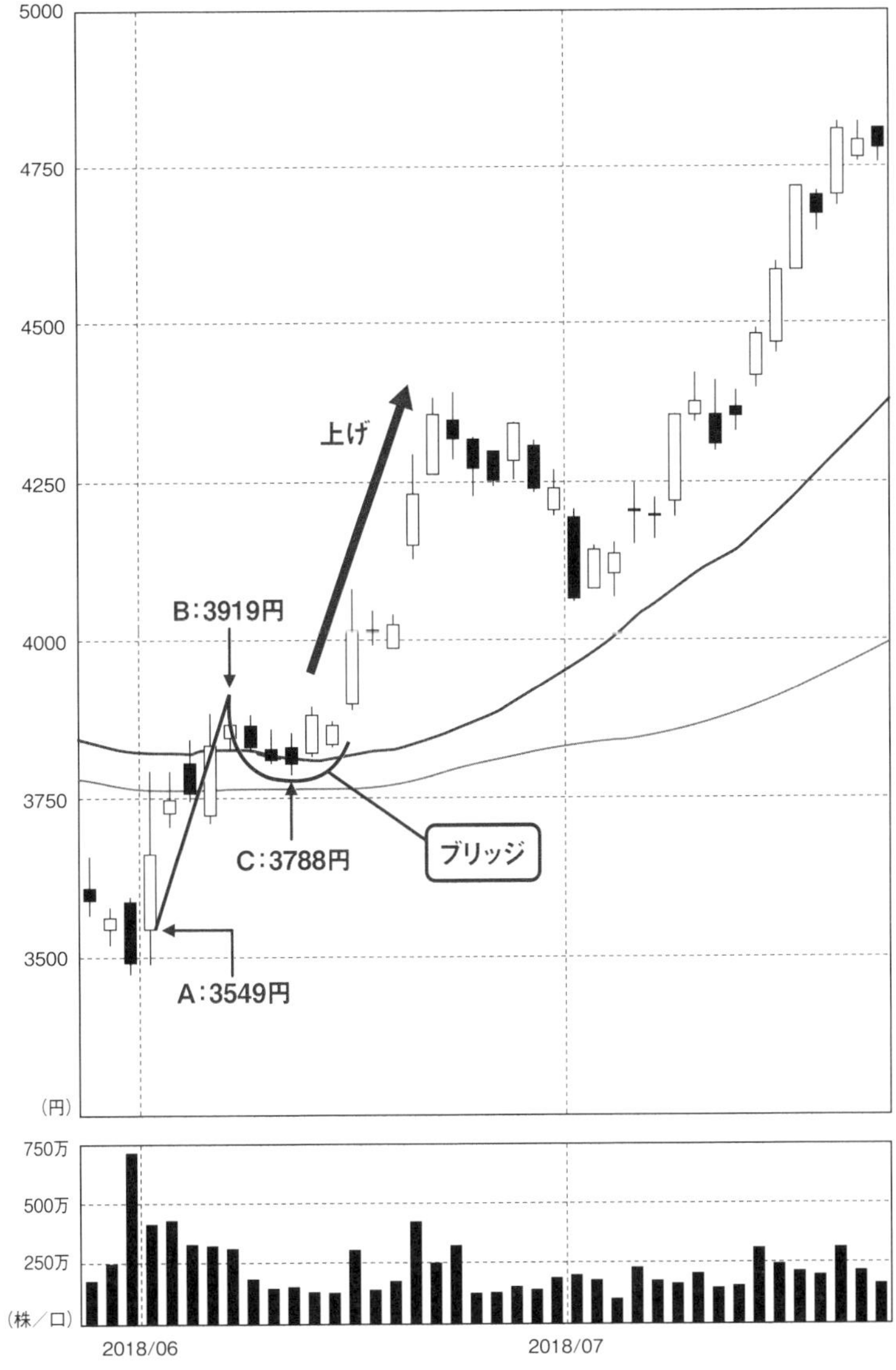

Kabuki's Basic

4-4

必勝パターン③「2日T」

「2日T」とは、**ローソク足の高値と安値の幅が前日より小さくなっている状態で、当日高値が前日高値を抜けていない形**のことです。この「2日T」は2営業日をかけて形成されますので、「2日T」と名付けています。

「2日T」が現れた後は、株価が急騰する可能性が高いため、タイミングを逃さず仕掛けていきましょう。

「2日T」の中でも、**高値も安値も小さくなっている形よりも、高値が前日と同じで安値だけ切り上がっている「フラット」のほうがより好ましい形**です。高値が右肩下がりではなくフラットの状態なのでこのように呼んでいます。

「2日T」も、日足ではもちろんのこと、週足で出ればより好ましい形です。ただし**「ブッ高値圏」**(ここ2~3年のうちで最も高い位置)で出現していたり、「2日T」の中に**大陰線を含んでいる**ときは**よい形とはいえない**ので注意してください。

中段よりも下(過去の直近高値よりも低いところ)で出現すれば鉄板です。

以前は「3日T」といって、3営業日連続で高値と安値の幅が小さくなった形を中心に狙っていましたが、現在は2日続いた「2日T」を主な仕掛けの対象としています。

ただし、「2日T」なら何でも仕掛けてOKというわけではありません。**前日に対して、当日の値幅がどれくらい「詰まっているか」を見ることが大切**です。

その指標となるのが、値幅の率を表す「**RT倍率**」です。

考え方としては、「2日T」が形成された場合の当日の高値－安値と、前日の高値－安値を算出し、当日÷前日を計算して出た数値がRT倍率です。この**RT倍率が、60％以内であればよい**と考えます。

たとえば、前日の値幅が100円あったとして、当日の値幅が90円であれば、これは「詰まった」とはいえません。これが、前日100円、当日60円であればまあまあ詰まっているほうだ、というように考えるのです。理想は40～30％ですが、これはほとんど出ませんので、60％を目安とします。

この詰まった「2日T」は意外と出ないのですが、出るときにはさまざまな銘柄で一度にたくさん出るときがあります。そうなると、どれを仕掛け対象に選べばいいのか迷ってしまうでしょう。

そんなときの指標もお伝えしておきましょう。それが、「J2T」です。**ヒゲを除いた実線のみで見て「2日T」になっている**この形を探すのです。これはとても理想的な形です。

そこでもうひとつ、「**ケツ上げ比率**」も伝授しておきます。前日が陰線で当日が陽線の場合に、**実線のケツ上げ比率が30%以上、また前日が陽線の場合は50%以上**であれば望ましいといえます。

これらを条件に入れていくとかなり絞ることができるでしょう。

■「2日T」はどう攻略するのか?

「2日T」の仕掛けタイミングは、YHO(前日の高値を抜いた時点)です。そして、仕掛けた後に上昇したら、そのまま保有を継続します。

手仕舞いのタイミングは、やはり、日足で「ケツ下げ」した時点です。

また、仕掛けた後に思ったより伸びずに下がってしまったというときのために、「ここまで下がったら手仕舞いする」というLCポイントも決めておきます。

「2日T」の場合は、**仕掛けた際の価格よりも0・6%下がった時点で手仕舞い**しましょう。このLCは、大きな損失を出さないための重要なポイントです。

■「2日T」の実例

ここでも、「２日Ｔ」の実例を見比べてみましょう。

１０８ページの図表４－８に掲載した**ルネサスエレクトロニクス（6723）の日足チャート**では、２０１３年11月18日から20日にかけてこの必勝パターンが出現しており、実際にその後は株価の上昇が顕著になりました。

また、「ＢＣブリッジ」でも実例としてあげた**りそなホールディングス（8308）**も、１０９ページに掲載した図表４－９の日足チャートのように、２０１３年３月４日から６日に「２日Ｔ」のパターンが見られます。

この銘柄の場合、その後の上昇は極めて強烈なものとなりました。終値ベースで４５１円だった同銘柄の株価は、その3営業日後に一時５６１円まで高騰しています。

つまり、「２日Ｔ」に着目していれば、この急騰場面で利益を享受できるわけです。

図表4-8 ■「2日T」の例① ルネサスエレクトロニクス(6723)の日足

図表4-9 ■「2日T」の例② りそなHD(8308)の日足

Kabuki's Basic

4 - 5

必勝パターン④「ソーサー」

相場が反発に転じる可能性を示唆しているのが、91ページの図表4－1のような「ソーサー」というチャートのパターンで、その**形状が底の浅いお皿に似ていることが「ソーサー」**のネーミングの由来となっています。

ゆるやかに下降し、ゆるやかに上昇して曲線を描くパターンは「ブリッジ」と非常に似ていますが、その違いは2つあります。

まず「ブリッジ」のほうが押しが浅く、**「ソーサー」のほうが押しが深い**こと。そして「ブリッジ」は高値圏（比較的高い位置）で出て、**「ソーサー」はドツボ圏（ここ2～3年のうちで最も低い位置）で出る**ことです。「ソーサー」は、**悪い地合いのときに出現する足**なのです。

この足を形成するのに必要な日数は「ブリッジ」と同じく**3営業日あればいい**でしょう。しばらくドツボ圏で低迷していた人気銘柄にこのパターンが出現したらチャンス。株価が上昇する兆しを見ることができます。

これは日足だけでなく、週足や月足でも同じで、特に**月足のドツボ圏で「ソーサー」が**

出たら大きなチャンスです。初動で仕掛けることができれば、かなり大きく勝つことができるでしょう。

■「ソーサー」はどう攻略するのか？

ドツボ圏で「ソーサー」が現れた場合は、**日足を見て前日の足がケツ上げで当日の高寄りを前提として、ＹＨＯで仕掛け**ましょう。

週足と月足では、「ダブルソーサー」「トリプルソーサー」というように、何度か連続して現れることも多くあります。くわえてソーサーが出る場合は、特にエネルギーが必要ないため、出来高は少ないのが通常です。

「ソーサー」はダマシ（ＳＰ＝仕掛けポイントがブレイクポイントではない場合）も多いのですが、ドツボ圏からの切り返し狙いなので、なかなか強気になれない人でも仕掛けやすい手法です。

■「ソーサー」の実例

たとえば、１１３ページの図表４－10に掲載している**日本電気（６７０１）の月足**

チャートを見ると、「ソーサー」の出現を境にトレンドが明らかに転換していることがわかります。

「ソーサー」のパターンを描くまで、同銘柄の株価は長く下落傾向が続いていました。

しかし、2012年の7月からゆるやかな弧を描いて推移するようになり、同年12月以降は上昇基調が鮮明になっています。途中、調整局面を迎えたものの、やはり「ソーサー」に近い形状を描きながら、再び上昇を遂げました。

一方、114ページの図表4－11に掲載している**東京都競馬（9672）の月足チャート**においても、同じく「ソーサー」のパターンを確認できます。2012年5月から11月の推移に注目してください。

いったん小幅な上昇を示した後、「ソーサー」の形状を描きながら推移したうえで急騰していることが確認できるはずです。

図表4-10■「ソーサー」の例① 日本電気(6701)の月足

図表4-11■ソーサーの例② 東京都競馬(9672)の月足

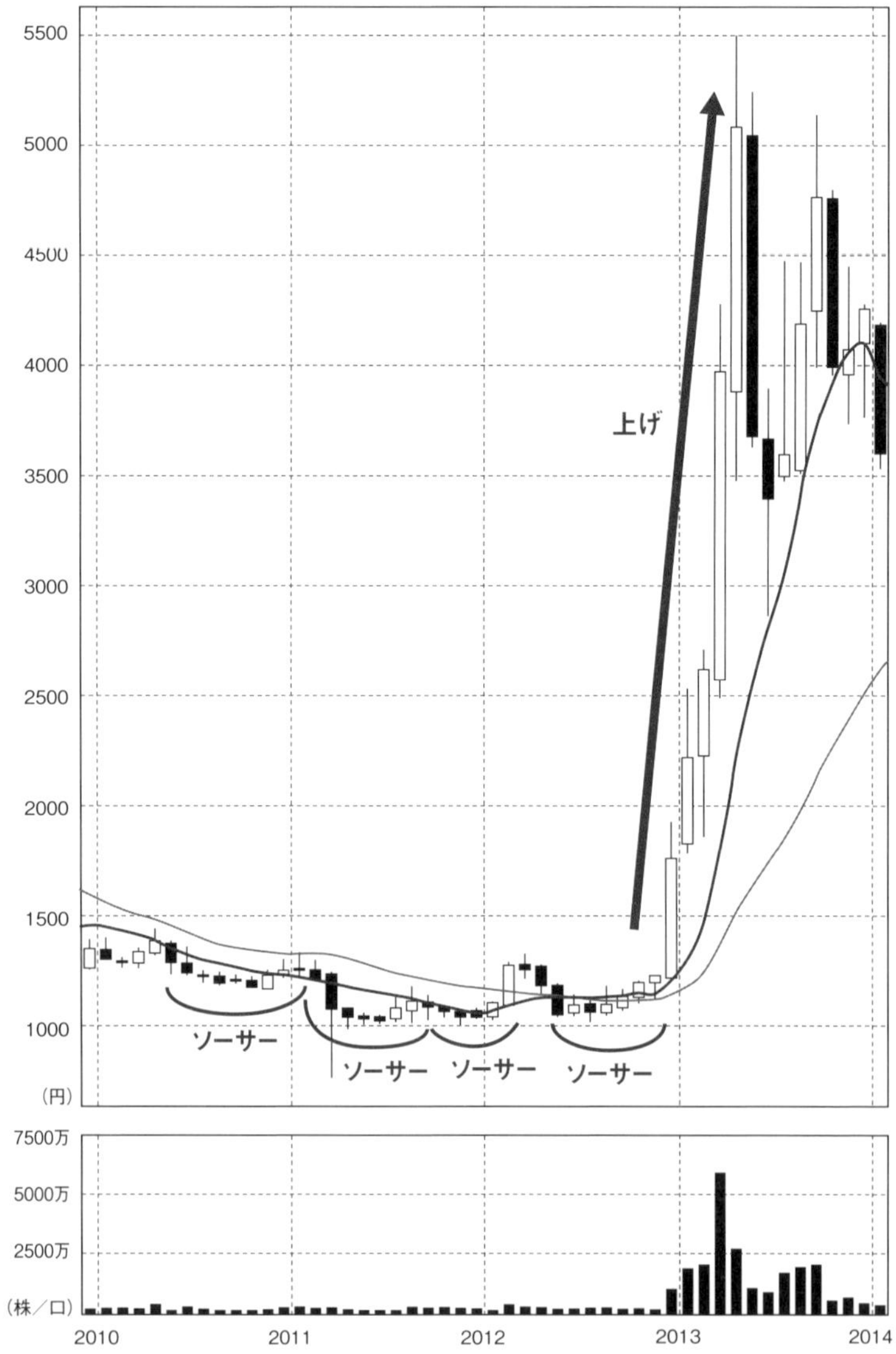

Kabuki's Basic

4-6

必勝パターン⑤「W」

出現頻度はあまり高くないものの、これが**出現したら相場が本格反騰に転じる可能性が極めて高くなる**のが91ページの図表４－１のような「W」です。

「ダブルボトム」とも呼ばれ、大底を打ったことを告げるシグナルとされています。長く下落が続いてきた株価がA点から上昇に転じたもののB点で反落し、再び底値近辺まで到達したC点から反発するという推移を示します。その軌跡が「W」にそっくりであることから、このようなネーミングになっているわけです。

つまり「W」は**安値圏に現れる形**です。

「W」の基本的な条件は、**下落が始まってA点をつけるのに少なくとも８カ月**。そして、**26週線が上で13週線が下、株価がさらにその下であること**です。

「W」は週足が基本で、A点が直近の最安値付近にあることが前提です。A点は安値、B点は高値、C点はB点から押した安値（Aより上の）で取ります。他の形は始値をA点として取ることが多いのですが、「W」の場合は安値をA点とするのが特徴です。

なおWの場合、**BCは深くてもかまいません**。

BCは深くてもかまいませんが、**ABの戻しは浅く出たほうがよい形**です。

直近の安値であるA点から測ってB点が30％以内の戻しであれば「W」が形成されたとみなします。

戻りが大きすぎると、「戻りにエネルギーを使ってしまっている」ような状態と考えられますので、30％以内、できれば**10％や15％といった小さな戻りがベスト**です。

■「W」はどう攻略するのか？

91ページの図表4－1のように左右対称に近いきれいな「W」の形状となるのは稀なので、見逃してしまうかもしれません。

ですが、これほど「強気」で仕掛けられるパターンはなかなかありません。とにかく数多くの実例を見比べて、自分自身でも見つけ出せるようになったほうがいいでしょう。

先述のように、「W」は週足が基本となります。週足で「W」の形を見つけたら、**日足のYHOの時点で仕掛けましょう**。

予想通りに上昇が本格化すれば保有し続けて、ケツ下げの状態になったらすかさず手仕舞いして撤退します。

「W」のTPは、「N」の形と同じく、**ABの上昇幅をB（A_2）に足した値**です。

ＬＣとならず仕掛けが正解だった場合、利益確定の売りはＴＰを当面の目標としつつ、上昇が続いている間は保有し続けるという点も他のパターンと変わりありません。

■「W」の実例

「W」の典型例としてあげられるのが１１８ページの図表４－12に掲載した**日本電信電話（９４３２）の週足チャート**です。

２００２年２月４日の週をA点として、２月12日からの週にB点、２月18日からの週にC点をつけ、翌週に上抜けていることを確認できます。

また、１１９ページに掲載した図表４－13の**アマダ（６１１３）の週足チャート**も同様です。こちらも滅多に出ないので古い例になってしまいますが、２００３年４月26日の週から５月26日の週にかけて「W」を描いています。

少し前の例では、１２０ページに掲載した図表４－14の**ＪＦＥホールディングス（５４１１）**があげられます。

こちらは日足チャートになりますが、２０１５年６月から４カ月連続で下落した後、同年９月から10月にかけて「W」のパターンが出現して大きく反発しました。

図表4-12 ■「W」の例① 日本電信電話(9432)の週足

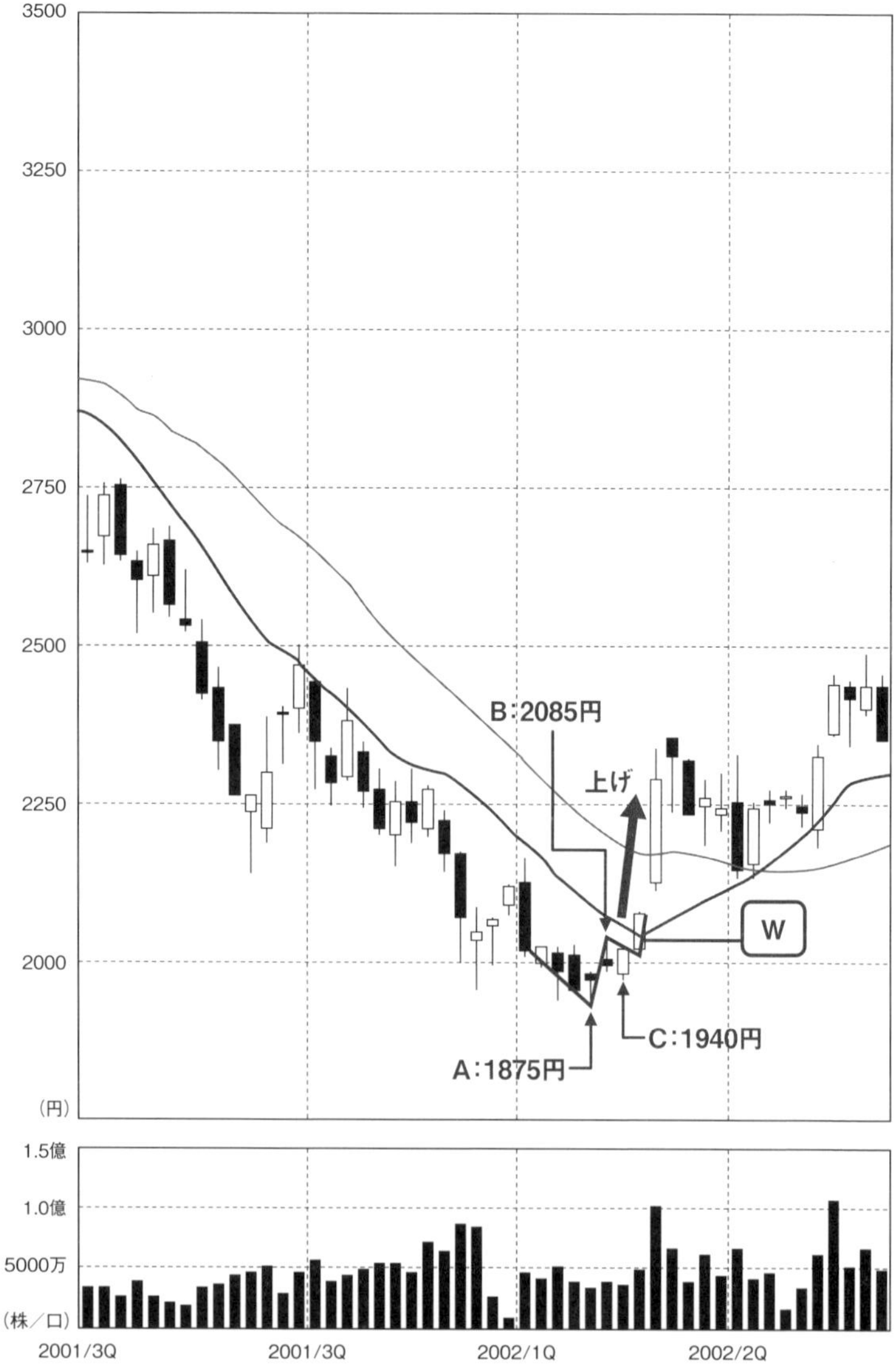

図表4-13 ■「W」の例② アマダ(6113)の週足

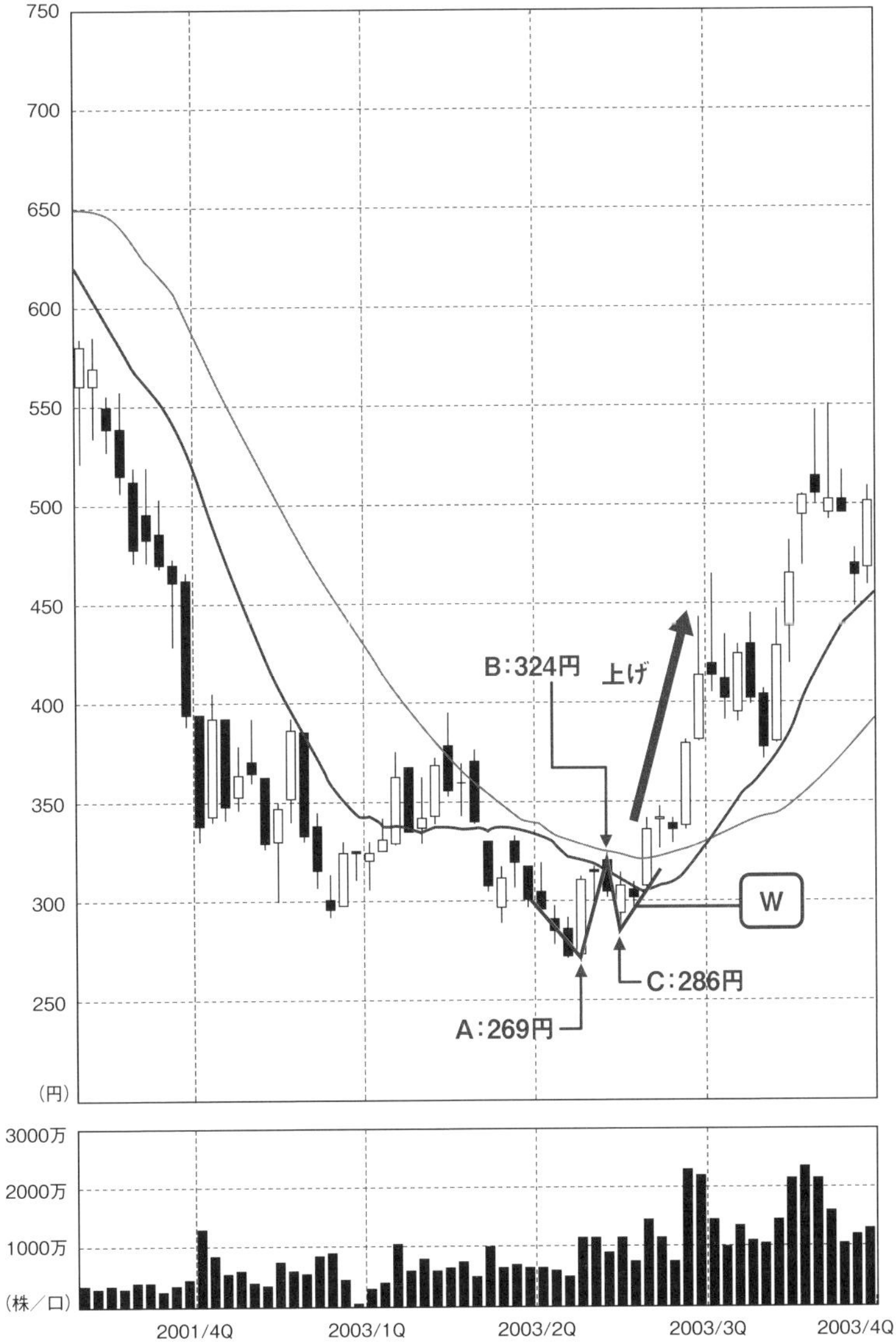

図表4-14■「W」の例③ JFEHD(5411)の日足

第 5 章

「株鬼流」仕掛けから手仕舞いまでの流れ

Kabuki's Basic

Kabuki's Basic

5-1

「株鬼流」における7つの仕掛け手順

第3章で解説した日々のCCで、第4章で説明した必勝パターンなどのチャートを見つけたら、次はどのように仕掛けるかが課題となります。

ここまで解説してきたように、株鬼流では、仕掛けにおいても明確なプロセスがあります。銘柄の選定から仕掛けに至るまでのプロセスを体系化し、その手順をきちんと守っているからこそ勝ち続けられるのです。

具体的には、次の7つの手順です。

①月足と週足でトレンドと位置の確認

長期的な傾向がつかめる「月足」と中期的な動きが確認できる「週足」をチェックし、これまでその銘柄がどのような動きをしてきたのか、現在は高値圏にあるのか安値圏にあるのかといったことを確認します。

②必要な出来高を確認する

その日に売買が成立した株数である「出来高」が増えているかのチェックです。「大きく増加している」ことを確認します。

③週足でTPを測定する

週足チャートをもとに、最低でもどの程度の上値が見込めるかを予想するための目安となる「TP（ターゲットプライス＝目標株価）」を測定します。

④信用取引の取組み推移を確認する

「株価の上昇とともに信用取引の買い残が増えている」かどうかを確認します。

株価の下落とともに信用取引の買い残が増えていたり、信用取引の取組みが拮抗していたり、売り残が買い残を上回っていたりするケースであれば仕掛けは見送ります。

⑤番手か、先頭かを確認する

同じ業種の中で一番手として上昇している銘柄かどうかを売買代金の大きさで確認します。二番手、三番手の銘柄には手を出してはいけません。

⑥仕掛け動機と仕掛けポイントを確認して仕掛ける

上昇するであろうという確信に至った「仕掛け動機（ＳＤ）」をもう一度確認し、「仕掛けポイント（ＳＰ）」のタイミングを逃さずに仕掛けます。

⑦ケツ下げしたら手仕舞う

測定したＴＰを頭に入れながら、株価が上昇を続けている間は保有し、ケツ下げしたら瞬時に手仕舞いします。

Kabuki's Basic

5-2

月足と週足でトレンドを確認する

株鬼流では、基本的に日足チャートや週足チャートで必勝パターンをチェックしていき、**週足と月足で相場の大きな流れをつかみます**。

このとき、第2章で解説した「**節**」や「**大節**」などにも**着目**しましょう。

やはり、実例をあげながらトレンドの見方について説明していきましょう。

たとえば、127ページの**東京建物（8804）**は、2007年の後半に2本の移動平均線が下降トレンドを描き、株価が本格的な下落に転じました。そして、その後は長期の移動平均線が短期の移動平均線よりも上に位置して低迷が続いていましたが、約5年後の2012年末になって「**月足の2本抜け**」が出現しています。

月足の2本抜けとは、月足で24カ月線の長期の移動平均線が上で9カ月線の短期の移動平均線が下にある状態が続いた後、**陽線が短期線の下からも長期線の下からも抜けて高値をつけていく**ということです。

つまり、再びトレンドが転換した可能性が高まったわけです。現に、同銘柄はその後に急伸しています。

１２８ページの**東京都競馬（９６７２）の月足**を見てみましょう。２００６年1月から6年以上にわたって株価の低迷が続きましたが、２０１2年末に株価が急騰しています。１３３０円の水準に節があったのですが、それを突破し、さらにその上の１４４０円と１７３０円の節も上抜いて上昇に加速がついています。

株鬼流では「**月足で5カ月連続ケツ上げ**」しているチャートのことを「**5**《ご》**龍**《りゅう》**連**《れん》」と呼び、この形が見られたら大相場になる可能性が高いと考えます。このときの**上下幅はできるだけ小さく、角度もゆるければゆるいほどよい形**です。

４カ月連続でケツ上げとなった東京都競馬はそれに近いパターンでした。


前出の東京建物では、月足チャートで確認できた上昇トレンドのちょうど中盤に絶好の狙い目である「N」が存在していました。

狙っている銘柄のトレンドが変わり、チャートが「N」を描いていていてその押しが30%以内でB点の付近まで戻していれば、次ページのチャートを見ればわかるように、絶好の機会だということです。

図表5-1 ■「トレンド」確認の例① 東京建物(8804)の月足

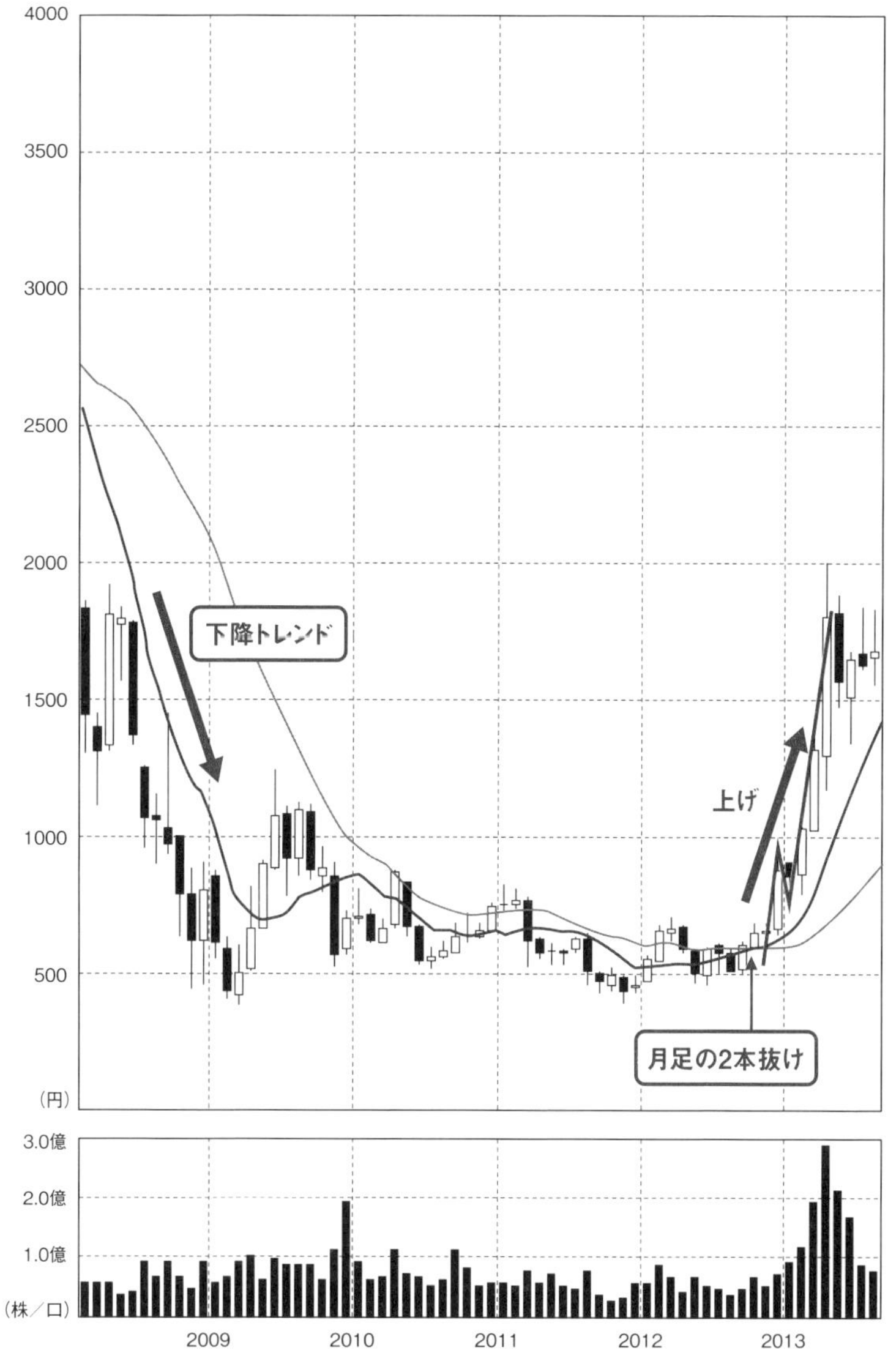

図表5-2 ■「トレンド」確認の例② 東京都競馬場(9672)の月足

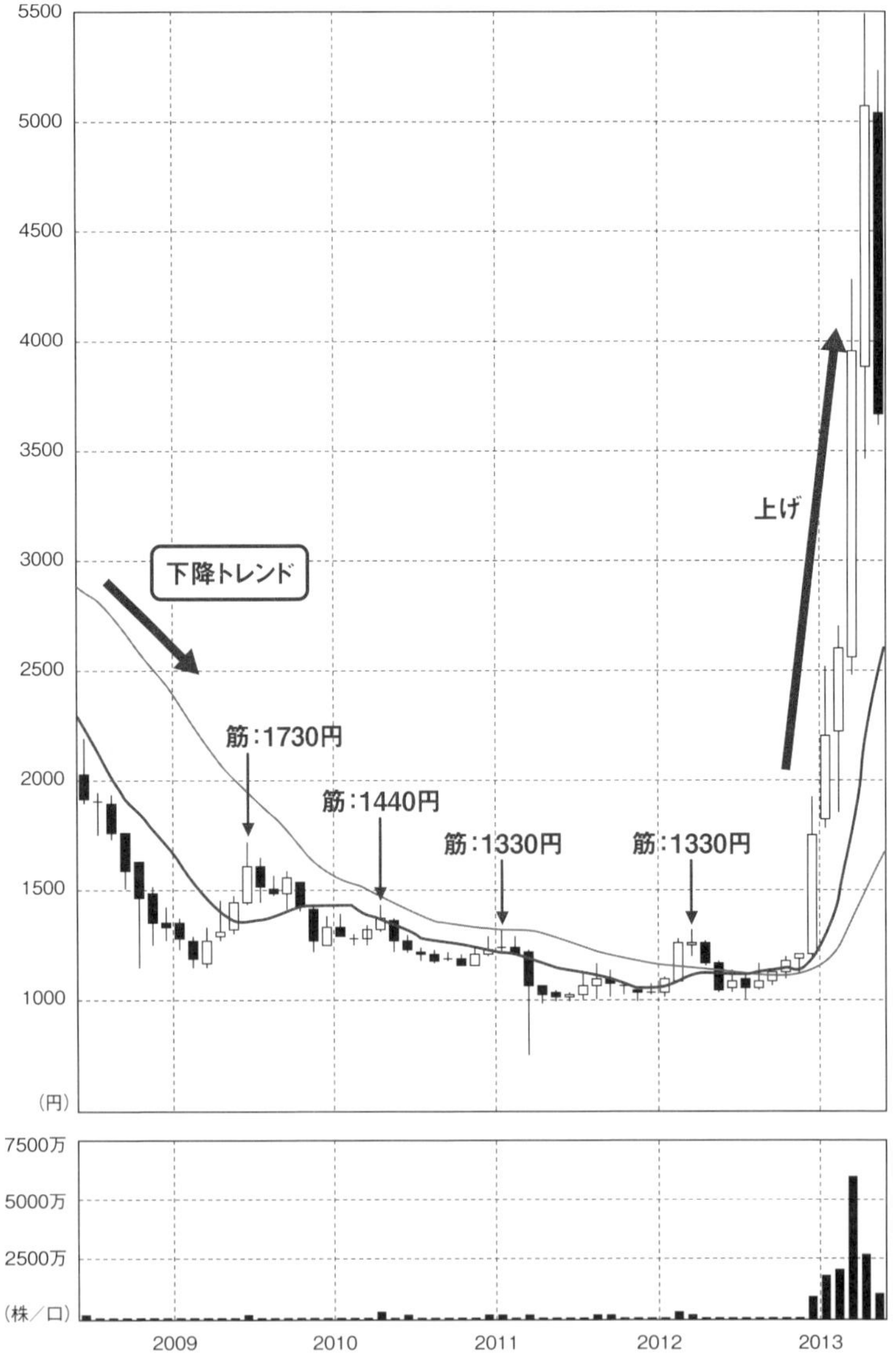

Kabuki's Basic

5-3

上昇に必要な出来高を確認する

出来高の増加は極めて重要な要素です。チャートの形を見てこれぞと思う銘柄を見つけたら、まず**出来高の推移を確認**します。このとき大きく出来高が増えていなければ、必勝パターンを見つけたとしても仕掛けを見送るべきです。

第3章で解説したとおり、直近（数カ月～数年くらい）の「月足」から最高出来高（陽線に限る）を探し、この最高出来高を概算営業日数の20で割ります。**現在の「日足」の出来高がその数値の7割程度あれば仕掛けてOK**です。

つまり仕掛けるための「必要出来高」は、次のとおりになります。

「過去の月足陽線での最高出来高÷20×0.7」

本来、株鬼流では「BC30」を基本とし、値幅30%以下の押しが浅い銘柄を中心に仕掛けます。しかし第3章でも説明したとおり、この基準を超える押しであっても、強烈に出来高が膨らんでいる場合は話が別で、勝てる確率が高くなります。

131ページの図表5－3に掲載した**双日（2768）**は、2015年3月に月間7億3333万株の出来高を記録し、同年5月まで急伸しました。1日当たりの平均に換算すれば、約3500万株となります。

この**60〜70％に達する出来高が伴っていれば、仕掛けの好機**と考えられるわけです。

また同じく第3章で触れた、前場出来高に対する後場出来高の比率「**NGR**」と当日の出来高と前日の出来高を比べる「**VH**」もチェックしましょう。

NGRの算出方法は次のとおりで、出来高の目安は少なくとも60％以上はほしいところでしょう。

（「後場の出来高」－「大引け時の出来高×0.8」）÷「前場の出来高」

また、VHの算出方法は次のとおりで、出来高の目安は同じく0・6以上です。

「当日の出来高」÷「前日の出来高」

仕掛ける前は、このようにして必ず出来高を確認するようにしましょう。

図表5-3 ■「出来高」確認の例 双日(2768)の日足

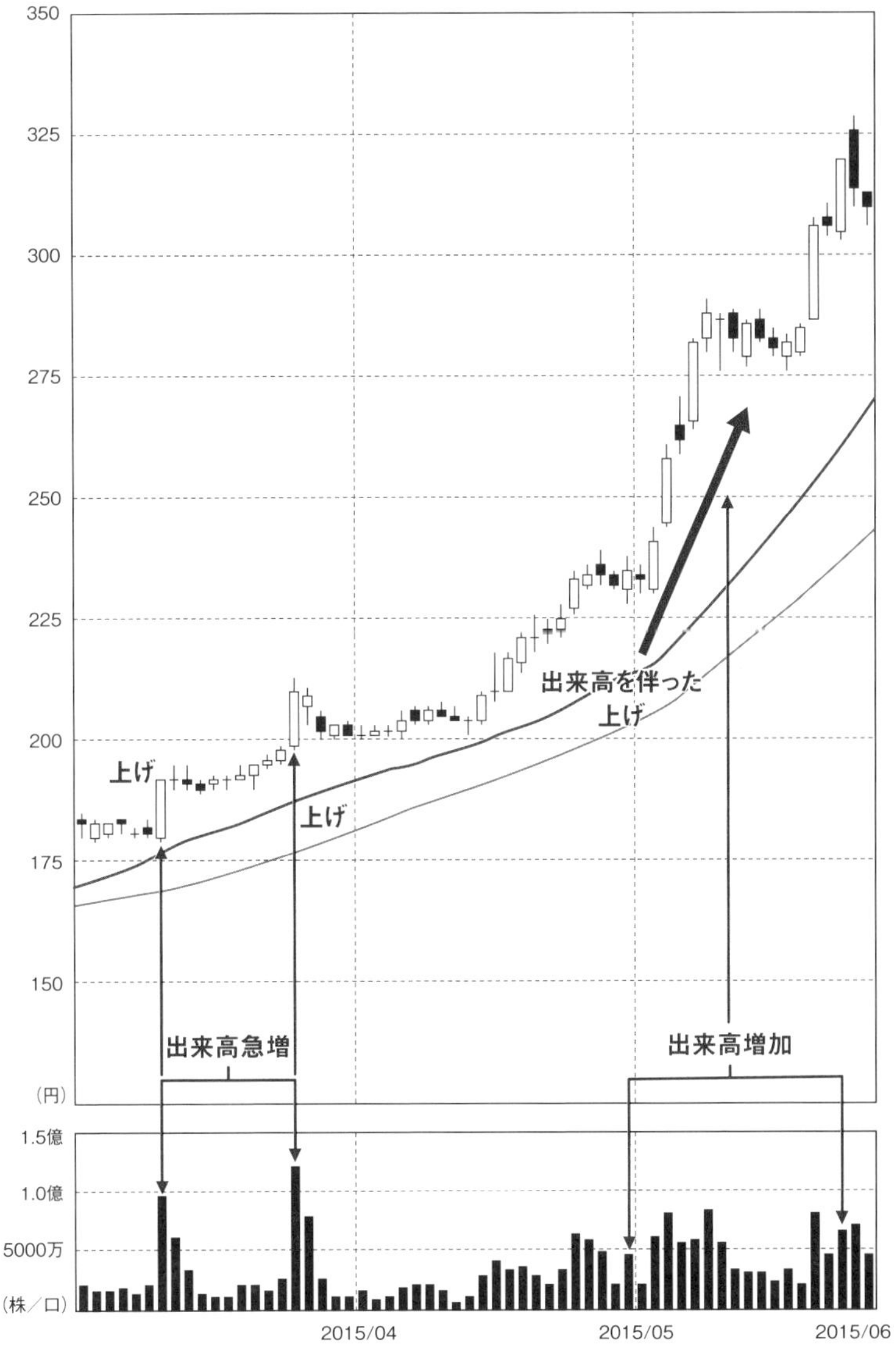

Kabuki's Basic

5-4

週足でTPを測定する

出来高の増加を伴う銘柄であることを確かめたら、続いてはTP（目標株価）を測定し、最低でもどの程度の上値が見込めるかを探ります。

そのタイミングで仕掛けた場合、少なくとも**どの程度まで上昇するかをあらかじめ予測**し、後述する手仕舞いを判断するのです。

上値に関してメドをつけておかないと、売り急いでしまってわずかな利益しか得られなかったり、逆に欲張りすぎて反落に巻き込まれてしまったりしがちだからです。

先にも述べたように直前までの値幅を計測し、それから先は最低限どの程度の上値が見込めるかを算出したものが株鬼流のTPです。中期的に考察するため、**基本的に週足チャートをもとにTPを測定**します。

もっとも、その水準に達したらすぐさま利益を確定する、といった意味合いのものではありません。

TPを突破しても上昇が続いていれば、目先でケツ下げに転じるまでは、ひたすら保有し続けるのが得策です。ただし、TPに到達していたら「ここから上はもあまりないな」と判断していいでしょう。

第3章でも述べたように、**過去にさかのぼって「押し」を探します**。そしてNの形になっていたら、TPの測定自体は非常に簡単です。

実例をもとに、ここで計算してみましょう。

135ページの図表5－4に掲載した**日本郵船（9101）**は、週足で2020年8月3日の週の始値1395円をA点として、1650円（B点）まで上昇し、1589円（C点）まで下落しています。この段階でTPを測定するなら、まずはA点とB点の間の上昇幅を測定し、A²点の株価にそれを足します。

すると、「1650円（B点）－1395円（A点）＋1617円（A²点）＝1872円（TP）」というTPが測定できます。つまり、**基本的にTPはA点からB点と同程度の上昇を見込んで計算**したものです。これはざっくりでいいので、指などで測ってもかまいません。

実際、その後の同銘柄は1926円まで上昇し、浅い押しがあってからさらに大きく上昇しました。ここでの手仕舞いについては、9月28週の週足ケツ下げとするか、さらに保持し続けて大きく利を伸ばすこともできます。

いずれにしても、ＴＰという当面の上昇メドが立っているからこそ、「強気」の姿勢で仕掛けられるわけですし、それを測定してみた結果、さほど上昇余地が見込めない場合は仕掛けるにはあまり向いていないと判断できます。

「ＢＣブリッジ」のＴＰも、「ＢＣ30」と同じくＡＢの上昇幅をＡ²に足した値、「Ｗ」のＴＰもＡＢの上昇幅をＡ²に足した値となります。

ただし、週足で測定できない場合も多々あります。上昇トレンドがずっと続いているケースでは、押しがなかなか見つからないことがあるのです。

その場合は**日足で見て、それでもなければ月足**で探してみてください。

さらに、どれにも該当しないケースもあります。その場合はＴＰは測定できませんが、仕方ありません。ケツ下げに転じたところで手仕舞いしましょう。

図表5-4■「TP測定」の例 日本郵船(9101)の週足

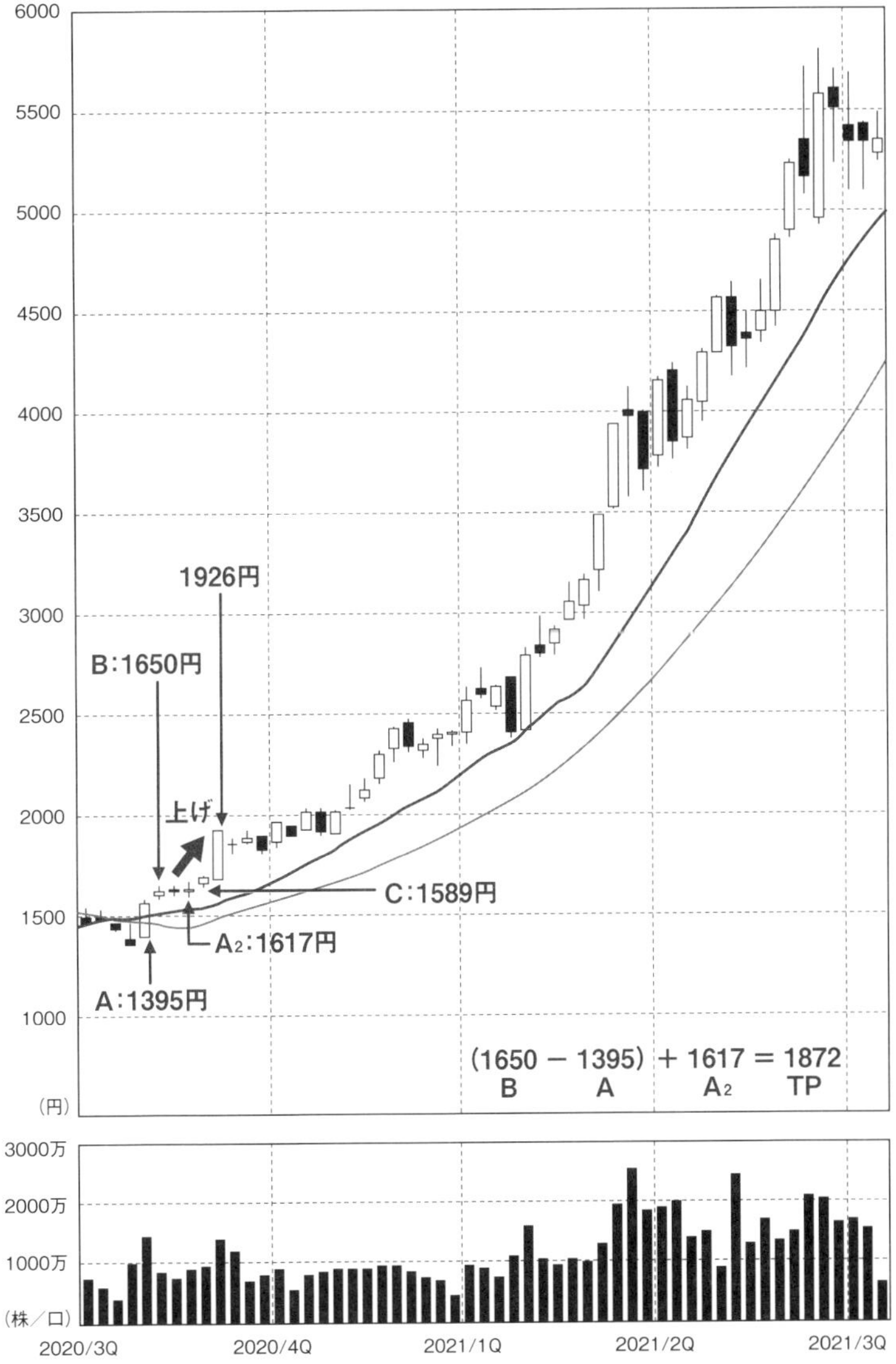

Kabuki's Basic

5-5

信用取引の取組み推移をチェックする

信用取引を利用している投資家たちの動き（買い残・売り残の増減）がその後の展開を左右することも少なくありませんから、**仕掛ける前に信用取引の取組み推移も確認**します。

第3章でも指摘したように「株価の上昇とともに買い残が増えている」ことがわかれば、信用取引の取組みも良好と判断できます。

「**株価の下落とともに信用取引の買い残が増えている**」というケースや、**信用取引の取組みが拮抗**していたり、**売り残が買い残を上回って**いたりするケースでは、**仕掛けを見送ったほうがいい**でしょう。

ここでも、具体例をもとにチェックの仕方について説明しましょう。

2014年8月11日の週から、長く低迷を続けてきたラオックス（8202）の株価が突如として上昇し始めました。多くの投資家はまだ半信半疑だったでしょうが、信用取引の買い残に注目すれば、迷いを取り払うことができます。

次ページの図表5－5の**ラオックスの週足チャート**下部に描かれた信用取組みの推移を見れば明らかなように、買い残が増えていたからです。

図表5-5 ■「信用取引の取組み推移」確認の例 ラオックス(8202)の週足

Kabuki's Basic

5-6

番手か先頭かを確認する

株鬼流では、「番手」とみなされる銘柄ではなく、**先頭を切って上昇している銘柄だけ**にターゲットを絞ります。

上昇している銘柄が先頭か番手かを判断するのも、仕掛けを検討するうえで大切な手順です。

番手とは、**株価が急伸中の銘柄と同じ業種の中に位置づけられている二番手、三番手の銘柄**のことです。

一番手を買いそびれた個人投資家たちは、まだほとんど動いていない二番手や三番手の銘柄を買いにいきます。ですが、そういった番手の銘柄はあまり上がりません。

たとえ一番手が切り返して上昇しても、**番手は下げたまま戻らないことが多い**のです。

したがって軽はずみに「番手」を追いかけてしまうと、大きくアテが外れる可能性があります。

そこで、狙いをつけた銘柄と同業種の競合企業の売買代金を見比べて番手か、先頭かを見極めます。

株価が大きく動いているチャートを発見したら、その銘柄が番手かどうか売買代金を確認して、**先頭ではない「番手」の場合は仕掛けを見送り**ます。

具体的に、実際の銘柄をもとにチェックの方法について解説しましょう。

たとえば、2013年4月初旬に急騰し始めた**オリエントコーポレーション（8585）**に注目したと仮定しましょう。

次ページの図表5－6②の日足チャートのように、上の節を一気に突破しただけに、大きな期待が寄せられますが、ここは慎重に同じセクターの動きを確認します。

すると次ページの図表5－6①の日足チャートのようにそれに先駆ける格好で、**アイフル（8515）**が同年の3月21日から大幅に上昇していることが判明しました。

こちらが先頭を走る銘柄で、残念ながら**オリコは典型的な「番手」**だったのです。

案の定、オリコの株価は間もなく急落に転じています。

図表5-6① ■「番手」確認の例① アイフル(8515)の日足

図表5-6② ■「番手」確認の例② オリエントコーポレーション(8585)の日足

Kabuki's Basic

5-7

仕掛け動機と仕掛けポイントを確認する

　ここまでの手順においてすべてのゴーサインが出ていたら、**仕掛けるべきだと考えた仕掛け動機（SD）について再確認**するとともに、「翌日の相場で具体的にどういった条件で仕掛けていくのか？」について突き詰めるという最終作業に入ります。

「このチャートは絶対に狙えそうな形だ」と思い込んだものの、よく確認してみると早計だったことに気づくケースもあるからです。

　一方で「これは仕掛けるべきだ！」とあらためて確信できた場合でも、具体的にどのタイミングで仕掛けるか、**仕掛けポイント（SP）を事前に定めておく**必要があります。

　先述のように「BC30」「BCブリッジ」でのSPは、**日足でC点をつけて上昇した後のB点の価格を抜けた時点**。そのタイミングを逃さずに買いを入れます。

「2日T」や「ソーサー」「W」などの場合は、**日足のYHO（前日の高値を抜いた時点）**で仕掛けます。

　また、**仕掛けの当日は「寄り値（始値）」にも注目**です。基本的には、前日の終値よりも高い株価で取引が始まる「高寄り」であることが仕掛けの条件になります。

一方、安い株価で取引が始まる「安寄り」の場合は仕掛けを見送ったほうが賢明です。

そして仕掛けの**当日は、「寄り付きの板」にも注意**しましょう。

ネット証券の株の注文画面で見ることができる「**板**」とは、真ん中に株価を挟んで上に売数量、下に買数量が並んでいるものですが、要は「この価格で買いたい」「この価格で売りたい」と希望する株数をそれぞれ示しています。

一般的には、下に買い指値がたくさんあるもの、つまり「買い板が厚い」状態がいいといわれていますが、株鬼流はまったくの逆で「**売り板が厚い」状態が望ましい**と考えます。

そうでなければ、大口の機関投資家が買わないからです。

「上にある厚い売り板は買われるために存在する。下にある厚い買い板は売られるために存在する」

株鬼流ではこのことを頭に叩き込んでいます。

また、寄り付きの板では、特に上昇局面で「9時00分00秒に寄らずに売り気配（売り注文に対して買い注文が少なく、取引が成立しない状態）が出た安寄り」となるパターンは危険信号です。この場合は、いったん見送りましょう。

Kabuki's Basic

5-8

ケツ下げしたら手仕舞いする

前述したように、当日安値が前日安値を下回ることを株鬼流では「ケツ下げ」といいます。

この**ケツ下げの状態は、相場が弱含んできたシグナル**です。

たとえ「もう少し粘りたい」「また盛り返すかも」と思っても、**ケツ下げとなったときにはそこで手早く手仕舞い**すべきです。

これまで解説してきたように、仕掛けの際にはTPを設定しますが、その設定値に届かずにケツ下げした場合にも、潔く手仕舞いします。

反対にケツ下げに転じるまでは、売り急がずに保有し続けて利を伸ばしましょう。

実例をもとに、手仕舞いの極意を確認することにしましょう。

2015年5月上旬、145ページに掲載した図表5-7のように**東京電力ホールディングス（9501）**に格好の仕掛けタイミングが訪れました。

典型的な「N字のABC」の形となりそうなことから、さっそくTPを算出することにします。5月7日に485円（A点）の始値をつけてから5月13日の528円（B点）まで上昇した後、5月15日に５１１円（C点）まで押していました。

そこで、「５２８円－４８５円＝43円」の値幅を$Ａ^2$の５１２円に足すと、５５５円というTPが導かれます。さっそくこの水準を当面の目標として仕掛けると、次は手仕舞いの売りを入れるタイミングを見計らうことになります。

案の定、この相場はかなり強いものとなり、株価は急角度で上昇してあっという間にTPを突破しました。

そして、ようやく6月4日になって、次ページの同じ図表５－７でわかるように、日足チャート上において、前日の安値を割り込む「ケツ下げ」が発生。当日中に対処できずその翌日に手仕舞ったとすると、６８３～７１５円の価格帯で売り抜けられた結果となります。

つまり、最大で「７１５円－４８５円＝２３０円」の値幅を手中に収められるわけです。

このように**期待通りの強い相場が訪れたら長期戦、意に反して弱かったら短期決着のスタンスで取り組むのが基本**です。
株価が戻ればあらためて仕掛ければいいだけの話で、下げているときの下手な粘りは禁物です。

図表5-7■「手仕舞い」の例 東京電力HD（9501）の日足

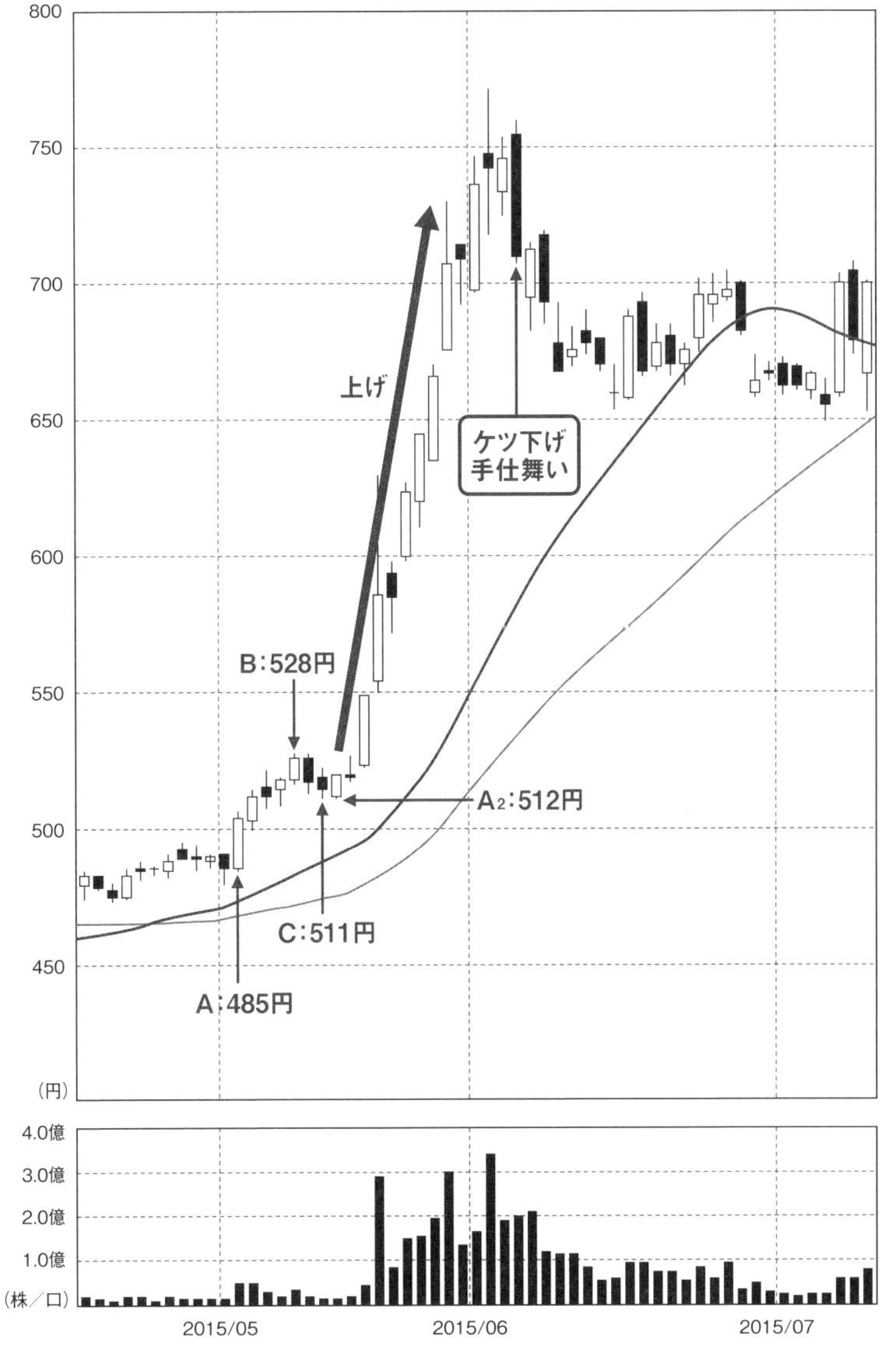

第 6 章

「株鬼流」勝つためにやるべき鉄則

Kabuki's Basic

Kabuki's Basic

6-1

LC（ロスカット）を徹底する

この章では、株鬼流における鉄則や流儀について紹介しておきたいと思います。すでに他の章で説明したものも混じっていますが、いずれも極めて重要なものばかりですので、しっかりと頭に入れてください。

まず、株鬼流においてLCは非常に大切です。いかに**損切り（ロスカット＝LC）の判断を早くするかが勝負の決め手に**なります。

もちろんその後に再び上昇に転じる場合もありますが、その場合は次なる勝負を仕掛ければいいだけのことです。

具体的には、たとえば「2日T」で仕掛けた場合は、**仕掛けた際の価格よりも0・6％下がった時点で手仕舞いしてLC**します。後述する「同値一文」で仕掛けた場合には二文（3ケタ銘柄の場合2円）よりも下の値がついた場合に即LC。**仕掛けと同時に寄り値の二文下に逆指値**をしておけばいいので簡単です。

このように、読みが外れて株価が下がったら手仕舞いすることを徹底するのが「株鬼流」ですが、もしも**3回連続でLCをするハメになったら、その週の相場は休んだほうが**

いいでしょう。どこかに致命的な判断ミスが生じている可能性が考えられるからです。その敗因を検証すべく、単に売買結果を見直すだけではなく、ＬＣに至った取引の経緯を振り返ってみるべきでしょう。

その銘柄を仕掛けるに至った動機や具体的な条件設定などを振り返ってみて、原因を突き止めることが大切となってきます。「**ＯＡＨＫの法則**」に該当するような不穏な動きを見逃している可能性もあるでしょう。とにかく、徹底的に検証してみることです。

そうすれば、過ちを繰り返さないようにと体が覚えていくものです。

何度も似たような間違いを繰り返していくうちに、ようやく気づくのが相場の世界でもあります。しかも人間には必ず好不調の波があり、どれだけ優秀な技量を持ち合わせている人であっても、つねに感覚が研ぎ澄まされているとは限りません。

私自身も、見落としや判断ミスとはけっして無縁ではいられません。だからその度に納得できるまで検証し、敗因を究明しています。

古くから「休むも相場」という格言があり、「地合いが悪い場合は手を出さないのも一法」といった意味合いで用いられています。「株鬼流」の場合は解釈が異なっており、たとえ地合いが悪くても、市場のどこかに強い株が存在している限りはけっして休みません。けれど、**自分自身の仕掛けに狂いが生じている場合は悪あがきをせずにいったん手を止め、軌道修正**を行います。それが、「株鬼流」の「休むも相場」です。

Kabuki's Basic

6-2

カラ売りできる銘柄をターゲットにする

第3章の冒頭でも触れたように、株鬼流では流動性の高さを表す5つの条件のいずれかを満たしている銘柄に狙いを絞りますが、その中でも**「貸借銘柄」にしか仕掛けないこと**も原則となっています。

なぜなら、それらは**流動性が非常に高い**からです。

どれだけ株価が強い動きをしていても、発行済み株式数が少なくて流動性の低い銘柄には、自分が望んでいるタイミングで売り抜けられないというリスクがつきまといます。

「貸借銘柄」とは、「制度信用取引」においてカラ売りが可能となっている銘柄のことです。ネット証券や『会社四季報』などの銘柄情報には「貸借」などと表示されているので、すぐに判別できます。

逆に**「制度信用取引」においてカラ売りができない銘柄は、それだけ流動性が低い**のです。しかも信用取引で買うことだけは可能なので、買い残だけが積み上がるという一方通行の状態になります。

相場が上昇していくためにはたくさんの買いが入る必要があるものの、その注文が続々と約定されていくためには**相応の売りが出てくることも求められます**。

つまり売りものが乏しいとせっかくの買い需要が満たされず、株価はなかなか上昇しないのです。

その点で**「貸借銘柄」はカラ売りも可能**であるだけに、その分だけ流動性が高く、大量の買い注文も約定しやすくなります。

とにかく「売りものが少ない＝株価が上がりやすい」という一般的な解釈は大間違いである点には、くれぐれも注意してください。

Kabuki's Basic

6-3

大口の投資家が参戦する相場につく

大口の投資家が取引に積極参加している大型株は売買が活発で流動性が高く、また大相場につながる可能性が高いので、株鬼流では**大型株が仕掛けの中心**になります。

先述したように売りものが乏しいと、買いたい場面で買えず売りたい場面で売れないという状況に陥ることもありますし、**小型株に投資しているうちは資金が大きく増えてはいきません。**

なお、「買い残は将来の売り圧力となってくる」という一般的な解釈は大変な誤解です。あえてして買い残が急激に膨らむのは、大口の投資家が仕掛けているからです。

まず、彼らは信用取引で大口の注文を入れて買い残を急増させます。

すると、その状況を見た個人投資家の多くは「そのうち決済の反対売買が入って相場が下がるな……」と推測します。

そして、その前にカラ売りしておけば儲かるのではないかと考えるわけです。

こうして想定以上の売りものが飛び交うこととなり、**最初に仕掛けた大口の投資家は個人がカラ売りした玉（株）を買えるために、想定以上の玉が大口投資家の手中に入る**わけです。

また先述したとおり「板」において上に売り指値がたくさんあるもの、つまり「売り板が厚い」のがよい状態です。**売りものが多くなければ、大口の投資家が買いを入れられない**からです。

株鬼流が主なターゲットとする大型株の「スーパーAクラス」と「Aクラス」については、巻末にリストを掲載しますので参考にしてください。

Kabuki's Basic

6-4

上ヒゲが出たら翌日は高寄りが必須条件

株鬼流では、「株の人気チェック」は欠かせません。日足単位で見ると、**寄り付きが前日よりも高寄りしていれば、その株の「人気は継続している」**と考えることができます。

高寄りとは前日終値より高い値で寄ることですが、前日に長い上ヒゲを出している場合にはこの限りではないというのが「**上ヒゲ高寄りの法則**」です。

これはなぜか、少し考えてみてください。

長い上ヒゲが出ているということは、高く上がった株価をその日のうちに再び強く押し戻す力が働いたということを表す悪い形です。この形が翌日にどう影響してくるか、それを測るのが翌日の寄り付きになるわけです。

一番は、そのヒゲ（前日高値）よりも上に窓を開けて寄るのが理想ですが、なかなかそうもいかないため、**上ヒゲを「半分否定して高寄り」するようであれば、まあ人気は継続しているとみなしましょう**という意味なのです。

半分というのは50％。たとえば上ヒゲが10円ほど出た場合はそのうちの5円以上で翌日に寄ればＯＫです。

Kabuki's Basic

6-5

つねに「OAHK《オーク》の法則」

取引時間中に相場を見ていると、首を傾げることがあります。

たとえば**「全体相場が弱いにもかかわらず、どうしてこんな高値を買ってくるのだろうか？」というような違和感**です。

おそらく、それは大口の投資家の思惑が影響を及ぼしているのでしょう。オバケのようになかなか正体を現さないものの、明らかに何者かが暗躍している状況が頻繁に垣間見られるのです。

とにかくこうしたいつもとは**どこか違う動きをしているということは、「買い」または「売り」のチャンスにつながる**ことが大いにあるということです。

「OAHK」＋「I」のいずれかの感覚を抱いたら冷静に観察を続け、チャンスなのかどうかを慎重に見極めたいところです。

もちろん慣れていない人がいきなり見極めるのは難しいでしょうが、毎日チャートを見る習慣を積み重ねていけば、おのずとわかってくるはずです。

実際、株鬼流の門下生たちも相場を実際に自分の目で見続けることで**「OAHKの法則」を感じとれる**ようになっています。

ザラ場を見ているときには「なんでこんなところを買ってくるのだろう?」「なんでこんなところでこんな売りものを出してくるのだろう?」といった意識がありますが、ザラ場が見られない「ナイト」の人も、日足を見れば十分に判断できるでしょう。

多くの株価や足を見て、**「なんで?」「いつもと違う」「なんかおかしいな」という視点、感覚を養う**ことが大切です。

Kabuki's Basic

6-6

「同値一文の法則」で急上昇につく

いくつもの独自の法則を解明してきた「株鬼流」ですが、その中でも極めて有効性の高いものの1つが**「同値一文の法則」**でしょう。同値とは同じ株価のことで、一文とは「呼び値」の単位、いわゆる価格の刻みのことです。

日足チャート上で、非常に強い相場によく現れるローソク足の形があります。前日の足よりも上に放れて形成された、長い長方形の陽線です。

これは、前日の高値をずいぶんと超えて高寄りし、そのまま一日中、始値よりも低い値をつけずに上昇して高い値で終えたということを示しています。

つまり、**株価が1日のうちに一気に上昇した**ということです。

この急上昇の機を逃さず、事前に予想してうまくキャッチし、利益を上げる方法が「同値一文の法則」です。

このような非常に強い相場になるとき、**下ヒゲはまったくつかない、もしくはついても一文下（3ケタ銘柄の場合1円）程度になるパターンが多い**のです。

前日の高値をずいぶんと超えて高く寄る、つまり「窓を空けて放れて高寄り」する気配があったら、迷わず仕掛けましょう。上昇していけばそのまま保有し続け、日足で前日の安値をケツ下げになったところで手仕舞いです。

では、実例を見ていきましょう。

次ページの図表6－1は、**鉄建建設（1815）**の2014年7月17日の日足チャートです。寄り値（始値）は3320円、前日の高値3270円よりも50円高く窓を空けて寄っています。結果、この寄り値がその日の安値になりまったく押さないままにS高まで上昇しました。弱い地合いから強い地合いに転換すると、高寄り後にS高などというケースも稀にあるのです。

これがとことん「強気」で仕掛けられる場合の「同値一文の法則」なのです。

「同値一文」では、**二文（3ケタ銘柄の場合2円）よりも下の値がついた場合に即LC**します。仕掛けと同時に、寄り値の二文下に逆指値をしておけばいいでしょう。

損をしても小さく、利益を得る際は大きいため、チャレンジしやすいはずです。

図表6-1 ■「同値一文」の例 鉄建建設(1815)の日足

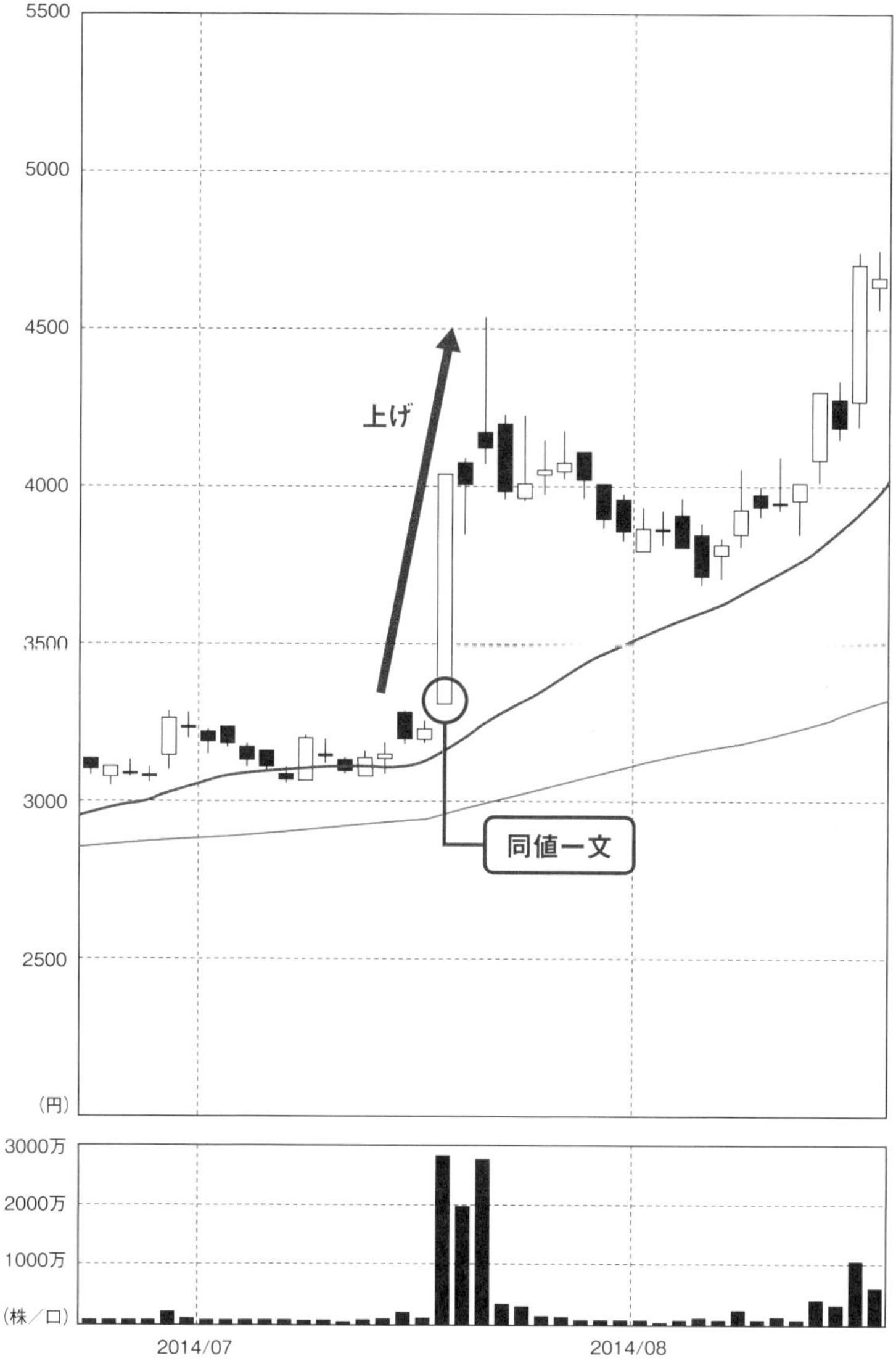

Kabuki's Basic

6-7

ダメな足は避けるかカラ売りする

株鬼流の基本は「高値で仕掛けて、より高値で手仕舞う」こと、つまりは「買いの手法」が主流ですが、なかなか先の読めない今の時代は売り手法も駆使すべきでしょう。

株鬼流では**「買ってはいけない悪いチャート」**の見極めも行っていますが、これはつまり**「今後値下がりするであろう銘柄」**、**つまり逆に見れば「カラ売りに適した銘柄」**ともいえるわけです。そんな「悪い足」を解説していきましょう。

「悪い足」の代表格が「**ラッパ足**」(164ページの図表6-2参照)です。

日足もしくは週足で、高値と安値の値幅が次第に開いていき、**ローソク足が横向きのラッパのように広がった形**をこう呼び、悪い傾向を示します。

相場のエネルギーが集中している「詰まった状態」の対極で、**エネルギーがどんどん拡散し散漫**になっていくイメージです。

このラッパ足の中でも、最も警戒してほしいのが「**J-ラッパ**」です。

JIとは実線・陰線の略。日足もしくは週足で、当日(当週)と前営業日(前週)の2

本でつくられる形で、当日のローソク足の実線部分（始値と終値の値幅、ヒゲを除いた部分）が陰線であり、かつ始値が前日（前週）の高値よりも上で終値が前日の安値よりも下というケースです。前日の足は陽線・陰線を問いませんが、当日の足は陰線に限ります。

言葉にすると少し難解ですが、目で見ればすぐに覚えられます。**陰線の実線部分が前日のローソク足全体（ヒゲ部分も含む）よりも大きく、丸ごと包み込むような形**です。

この形がブッ高値圏で出たら、急落または上昇の**トレンド**（＝値動きの傾向）転換のサイン。JIラッパを否定して上にいくケースというのは、そうはありません。

「買い」においては非常に危険な足なので徹底的に毛嫌いしたいところです。

その一方で**「売り」には最適な足**といえます。

悪い足の2つめは、**「ドーム」**（165ページの図表6－3参照）です。

これは見分けやすい形で、数本の足の高値がゆるやかに上がって下がり、**ドーム型の屋根のような半円形**です。

ドームを形成する足は最低3本から。下（安値）は関係なく、あくまでもたいていは上（高値）の形のみで形成しますが、稀に**上（高値）は関係なく、下（安値）で形成する**（166ページの図表6－4参照）こともあります。

本書で「ソーサー」について解説しましたが、その逆のような形です。ただし、ソーサーは押しが浅いものを指しますが、ドームは押しが深かったり、3日で小さいドームを形成したかと思えば2週間で大ドームを出したりと、実に多様です。

どの位置で出ても、ドーム型は絶対にいけません。**ブッ高値圏だろうが、大底圏だろうが、絶対にダメ**と覚えましょう。たとえば中央が若干へこんでいるなど、多少形が崩れていても、**上（高値）か下（安値）が丸く感じられたら悪い足**だと考えてください。

このドームは日足、週足、月足、どこで出現しても危険な形ですから、JIラッパ同様、**「買い」の場面では嫌い、「売り」の場面ではチャンス**としてください。

3つめの悪い足は「**放物線**」（167ページの図表6－5参照）です。

ポーンとボールを投げたときの軌跡のような形です。

上が丸いという点ではドームと似ていますが、**曲線の終わりが始まりと同水準まで下がってこないものが放物線**になります。また、放物線は上昇過程で出るのが特徴です。

この足は本来、強い銘柄だけれどちょっとここから調整に入りますよ、というサインのような感覚です。このローソク足が出現したら、**いつ大幅下落してもおかしくないという兆し**。たとえそのときの相場は強く見えたとしても、慎重を期すべきです。

ドームと放物線の違いとしては、**ドームのほうは現れてからすぐに下落しやすく、放物線の場合は後々きいてくるようなイメージ**です。足が放物線を一度否定したとしても、少し期間をおいてから下落に転じるケースが多いので、この足が出たら**「売り」を考えてもいい**でしょう。

続いては**「三空」**（168ページの図表6－6参照）です。

昔から、兜町の格言に「三空に買いなし」というものがあります。これは、**日足で3回連続「窓を空けて高寄り」をしたら、しばらくは仕掛けてはいけない**という意味です。

窓を空けるというのは、前日の高値よりも当日の始値が高く寄る、もしくは前日の安値よりも当日の始値が安く寄ることを指します。チャートで見ると、ローソク足が前日の足と接触せず、空間ができている状態です。

何度も窓を空けて高寄りするということはグングン伸びているように見えますが、**3回連続で窓開け高寄りした後は、もうそれ以上はその方向に伸びませんよという合図**です。その後、反転する可能性が高いので、この足にも注意しましょう。

ここでは簡単に、カラ売りに適した4つの足を紹介しました。具体的なSPなどの手法は拙著『資産を100倍にする「株鬼流」仕掛けの全技術』に詳しく解説しているので、こちらも参考にしてください。

図表6-2 ■「JIラッパ」の例 KDDI(9433)の日足

図表6-3■「ドーム」の例 野村HD(8604)の日足

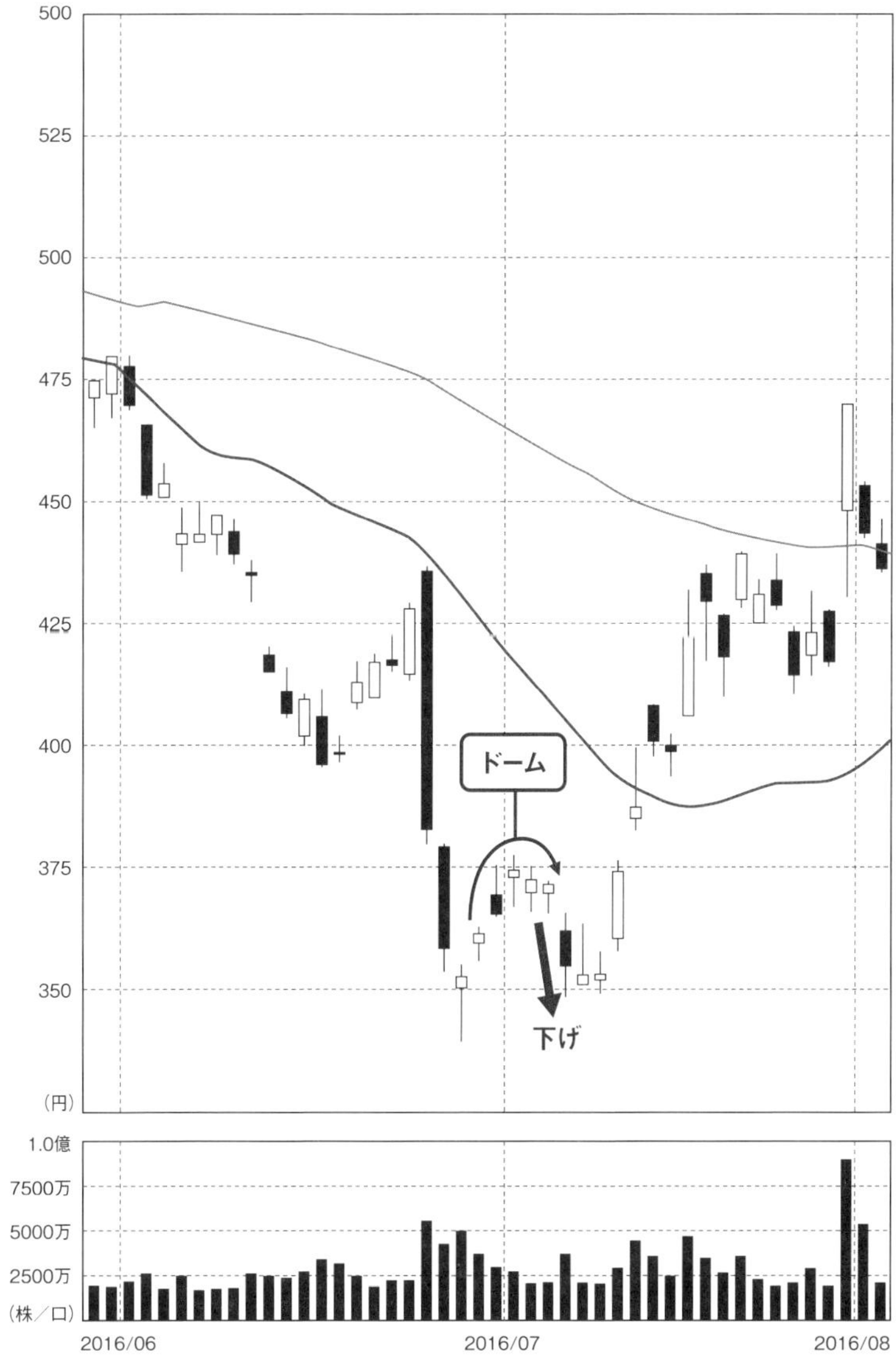

図表6-4 ■「ドーム」の例 KDDI(9433)の日足

図表6-5■「放物線」の例 楽天（4755）の日足

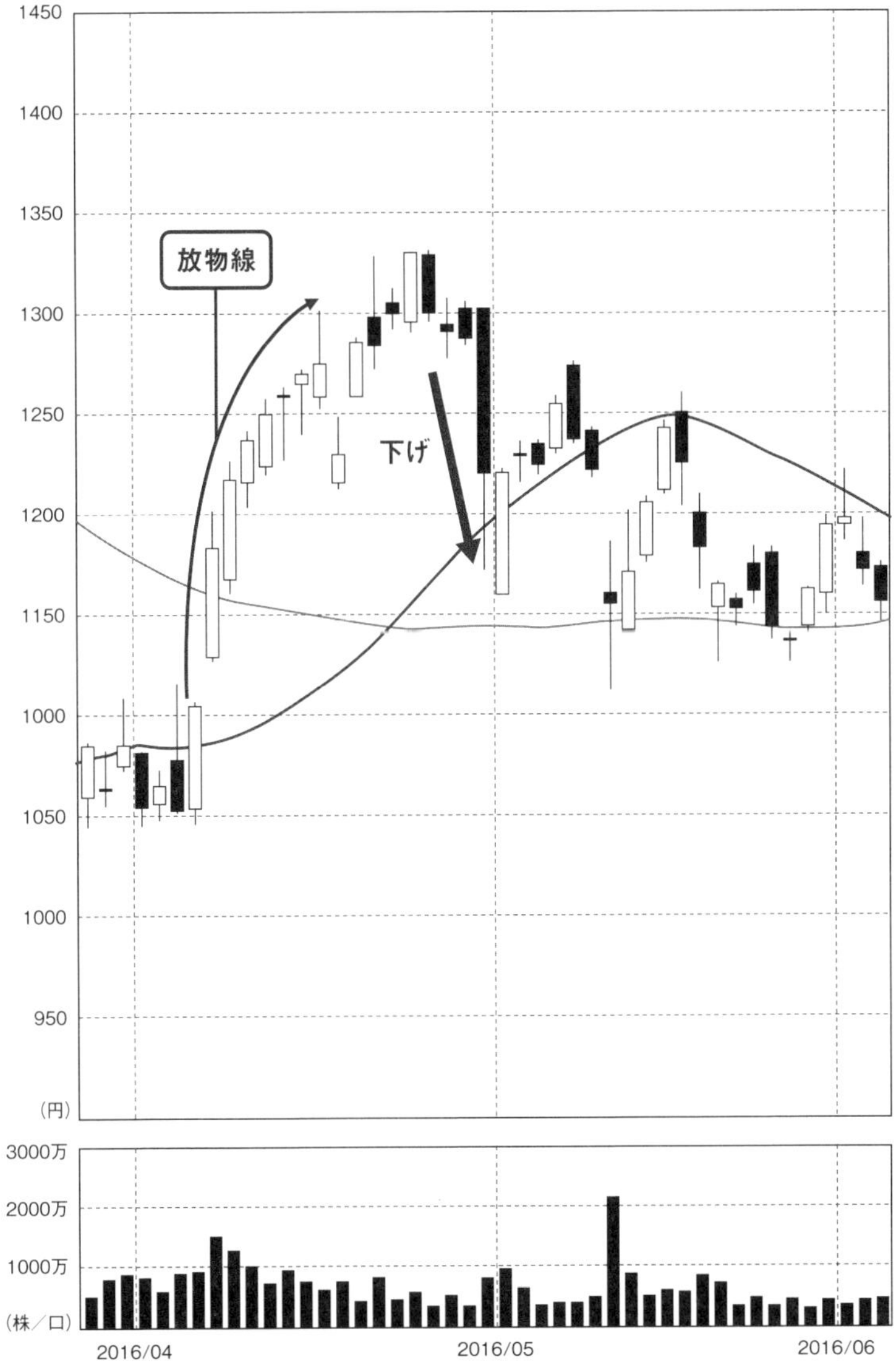

図表6-6■「三空」の例 ファナック(6954)の日足

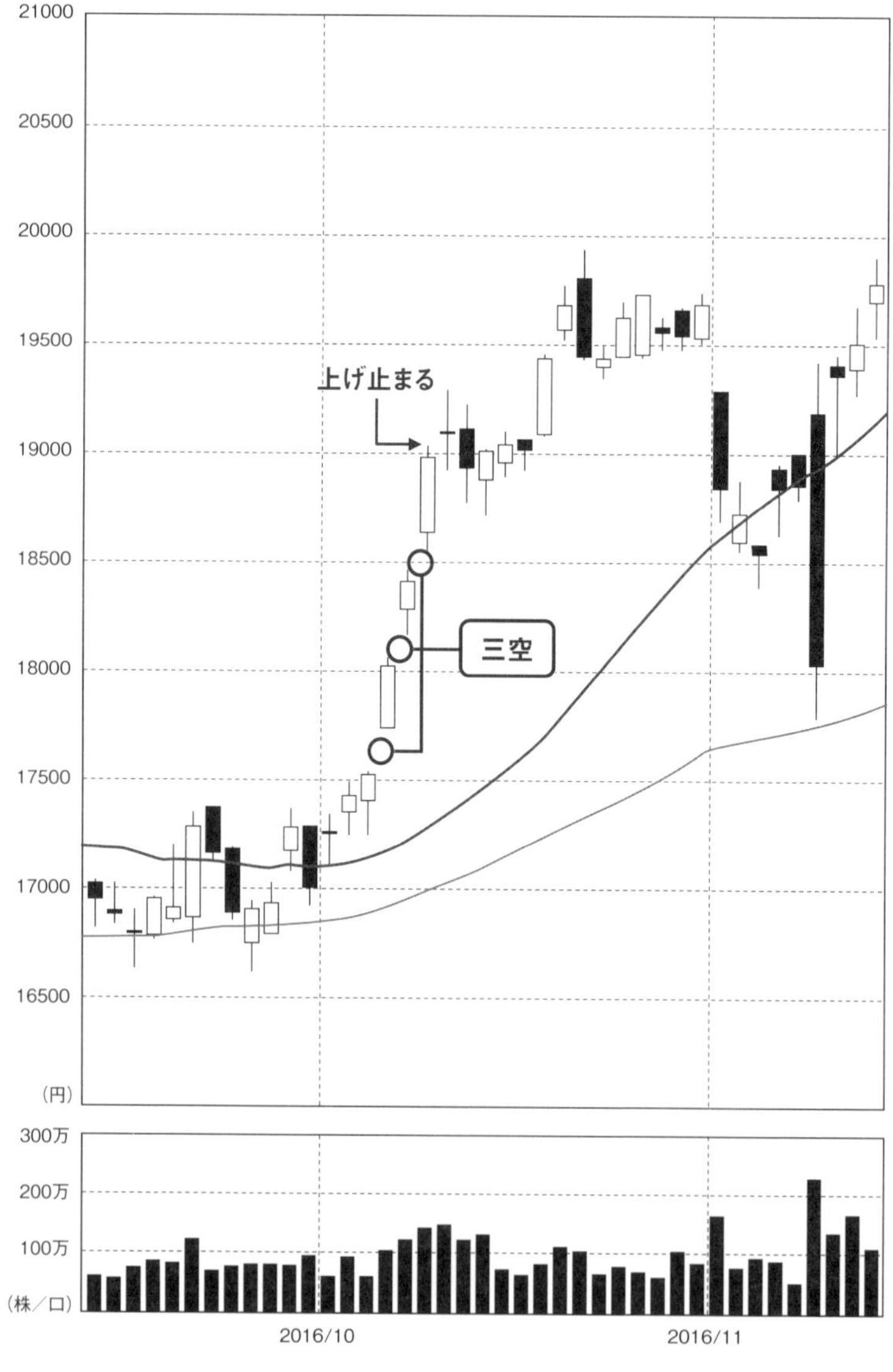

第 7 章

「株鬼流」
負けないためには
やってはいけない
禁じ手

Kabuki's Basic

Kabuki's Basic

7-1

先回りをしてはいけない

上昇し始める前に「きっと上昇するはず」と見込んで、**先回りして仕込むのは禁物**です。読み通りに流れが変わらなければ、大損してしまいます。

せっかちに先回りせず、流れが変わったのを確認してから流れに乗って仕掛ければいいのです。

すでに動いているので3~5%程度の値幅は取り逃がすことになりますが、すべてをいただこうとするから、アテが外れるわけです。

昔から相場の世界に「**魚の頭と尻尾は他人にくれてやれ**」という格言がありますが、これは欲を出して尾頭付きをせしめようとすれば、墓穴を掘りかねないという戒めでもあります。

先回りせず、相場の流れに逆らわない投資を心掛けるべきです。

これぞ素直にトレンドに従う「順張り」であり、株鬼流もその典型といえます。

Kabuki's Basic

7-2 「指値置き」をしてはいけない

株鬼流では、**値段を指定せずに注文する「成行注文」で仕掛けることを基本**としています。もしくは、売り注文に買い注文をぶつけることもあります。

いってみれば「○○円になったら買う」と株価を決めて買いを入れる「指値置き」は「弱気」の姿勢です。他のところでも述べてきたように、「○○円を割ったら買い」の思考だからです。

安く買いたい気持ちはわかりますが、株鬼流では**安さよりも仕掛けのベストなタイミングで確実に買うことを優先**します。「このタイミングで買う」という姿勢です。

「今から必ず上がる」と見込んだ銘柄に仕掛けるわけですから、少し高値をつかんでしまっても取り戻せるわけです。これも「魚の頭と尻尾は他人にくれてやれ」の表れです。

それに安い指値で約定したとすれば、その株価で投げ売る投資家が相次いでいるということを意味しています。つまり、**相場が急激に弱くなっているわけ**です。

いわば「指値置き」は大行列に並ぶような行為で、「株鬼流」ではそのように弱気な仕掛けはけっして推奨しません。

Kabuki's Basic

7-3

「下値に厚い買い板」はダメ

これまでにもお話ししたとおり、買い注文と売り注文の情報がわかる表である「板」で下値付近に大量の買い注文が入っているときでは、「株鬼流」ではけっして手を出しません。

一般的には、下に買い指値がたくさんあるもの、つまり「買い板が厚い」ことは需要があるからよいといわれていますが、株鬼流ではまったくの逆です。

「売り板が厚い」のがよい状態であり、そうでなければ大口の機関投資家が参加できないからです。

その銘柄を本当に買いたい投資家は、とにかく約定しないと意味がありませんから、売り板が厚くなっているところ（売り注文が大量に入っている価格帯）から買っていきます。

したがって**時価よりもかなり下値に入っているのは、「その銘柄を安値で買いたい弱気の投資家が入れた注文」**だと判断できます。

おそらくは、「下がったら買う」という「弱気」の投資家か、もしくは何らかの思惑で相場を誘導しようと企んでいる投資家の仕業でしょう。

「下値に厚い買い板」を目にした途端、株鬼流では仕掛けの対象から即座に除外します。

Kabuki's Basic

7-4

ナンピン買いをしてはいけない

他の章でも述べたとおり、ナンピン買いは「弱気」の象徴であって、間違いなく筆頭にあげられる禁じ手です。**自分の買い値よりも株価が下がってしまい、追加の買いを入れて平均の買い付け単価を下げるというナンピン買いは、絶対にやってはいけません。**

なぜなら、最初の仕掛けの判断が間違っていたにもかかわらず、その失敗を認めようとせず、単価を下げることで損失を小さくしようという考えだからです。

ナンピン買いを繰り返すと、**どんどん資金が減っていき「塩漬け」となるのは確定的で、資金効率が著しく悪化して他の銘柄に仕掛けることも難しくなっていきます。**

繰り返し述べてきたように、高くなる株を強気で買っていくのが株鬼流であり、安くなるかもしれないと思える株になど目もくれません。

もちろん、上がると思って買ったのに下がるケースは出てきますが、その際には速やかにLCを行うので何の問題もありません。そのほうがナンピン買いを繰り返してジリ貧に陥っていくよりもはるかに効率的であるのは、誰の目にも明白なことでしょう。

Kabuki's Basic

7-5

「ボロ株」の取り扱いに注意する

株価の安い**「低位株」**は**「ボロ株」と呼ばれる**こともあります。

ボロボロになる水準まで売り込まれたとか、そこまで叩き売られるのは業績や財務などがボロボロだからだとか、いろいろな意味合いがあるのでしょう。

ともかく厳密な基準はありませんが、**株価が１００円以下の銘柄は「ボロ株」**とみなして差し支えないでしょう。

いわゆる「ワケあり銘柄」ですから、この「ボロ株」にはうかつに手を出さないのが無難です。

稀に「ボロ株」は、ツボにはまった場合には大化けすることがあります。

その意味では魅力が大きいものの、それだけ攻略も難しくなってきます。初心者は手を出さないに越したことはないでしょう。

特に、**継続疑義が出ているものには注意が必要**です。継続疑義については『会社四季報』で確認できます。

巻末資料❶

「スーパーAクラス」と「Aクラス」のリスト

（※銘柄の並びは時価総額順です）

【スーパーAクラス】

1　トヨタ自動車（7203）
2　ソフトバンクグループ（9984）
3　日本電信電話（9432）
4　三菱UFJフィナンシャル・グループ（8306）
5　武田薬品工業（4502）
6　ソニーグループ（6758）
7　KDDI（9433）
8　ホンダ（7267）
9　三井住友フィナンシャルグループ（8316）
10　リクルートホールディングス（6098）
11　三菱商事（8058）
12　みずほフィナンシャルグループ（8411）

13 セブン&アイ・ホールディングス(3382)
14 キヤノン(7751)
15 日産自動車(7201)
16 東京海上ホールディングス(8766)
17 アステラス製薬(4503)
18 ブリヂストン(5108)
19 日立製作所(6501)
20 伊藤忠商事(8001)

【Aクラス】

21 コマツ(6301)
22 三菱地所(8802)
23 富士フイルムホールディングス(4901)
24 パナソニック(6752)
25 キリンホールディングス(2503)
26 オリックス(8591)

27 第一生命ホールディングス（8750）
28 東芝（6502）
29 イオン（8267）
30 日本製鉄（5401）
31 ENEOSホールディングス（5020）
32 野村ホールディングス（8604）
33 東京ガス（9531）
34 三菱ケミカルホールディングス（4188）
35 東レ（3402）
36 東京電力ホールディングス（9501）
37 クボタ（6326）
38 三菱重工業（7011）
39 JFEホールディングス（5411）
40 住友化学（4005）
41 りそなホールディングス（8308）
42 日本電気（6701）
43 シャープ（6753）

44　三井不動産（8801）
45　三菱電機（6503）
46　三井物産（8031）
47　ANAホールディングス（9202）
48　富士通（6702）
49　大成建設（1801）
50　住友金属鉱山（5713）
51　王子ホールディングス（3861）
52　第一三共（4568）
53　日本郵船（9101）

以前は単純に、「発行済み株式数20億株以上」を「スーパーAクラス」に、「発行済み株式数10億株以上20億株未満」を「Aクラス」に設定していました。

ですが、2018年の秋までに本格的に行われた「株式併合」で、株式の取引単価が1000株単位だった銘柄も10株を1株に併合されたため、以前のように単純には計算することができなくなりました。

そこでこの**定義を見直し、新たにランク付けしたのが先のリスト**です。時価総額と発行済み株数、さらに業界シェアのバランスで算出しています。

たとえば、時価総額が大きくても、**発行済み株数が少ないためにランクインしていない**ものもあります。典型的なのがキーエンス（6861）。2021年9月現在、6万円代の株価で時価総額は全体の4番目なのですが、発行済み株数は約2・4億株と少ないので、先のリストからは省きました。

また、**発行済み株数が5億株以下のものは流動性が少ない**ため「スーパーAクラス」からは省いています。たとえば約3・8億株の東日本旅客鉄道（9020）、約3・6億株のオリエンタルランド（4661）、約1・3億株の任天堂（7974）などです。

そのほかに、**筆頭株主が30％以上所有している銘柄**も省きました。

たとえば日本郵政（6178）、中外製薬（4519）など。親会社の影響力を受けやすいため独自性が低いという解釈です。

ルネサスエレクトロニクス（6723）も2割以上の大株主が存在したので省きました。

スーパーAクラス、Aクラスのほうが、ダマシが少なく足を信じられるため、初心者はこれらの大型株から始めるのがいいでしょう。

巻末資料❷ ■ 美脚チャート①「BC30」三菱重工業（7011）の日足

巻末資料❷ ■ 美脚チャート②「BC30」日本ケミコン(6997)の日足

巻末資料❷ ■ 美脚チャート③「BCブリッジ」りそなHD(8308)の週足

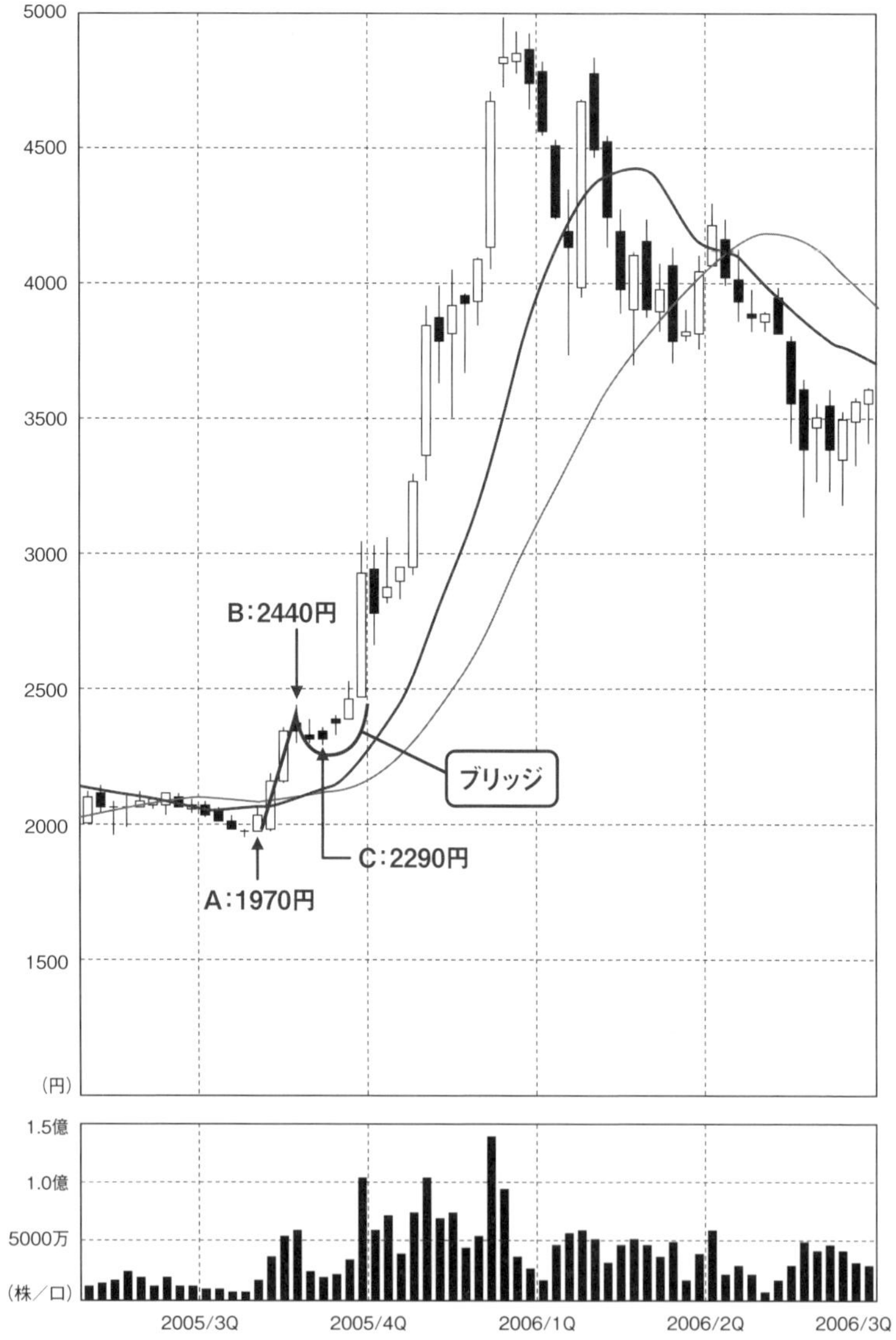

巻末資料❷ ■ 美脚チャート④「BCブリッジ」東京電力HD（9501）の日足

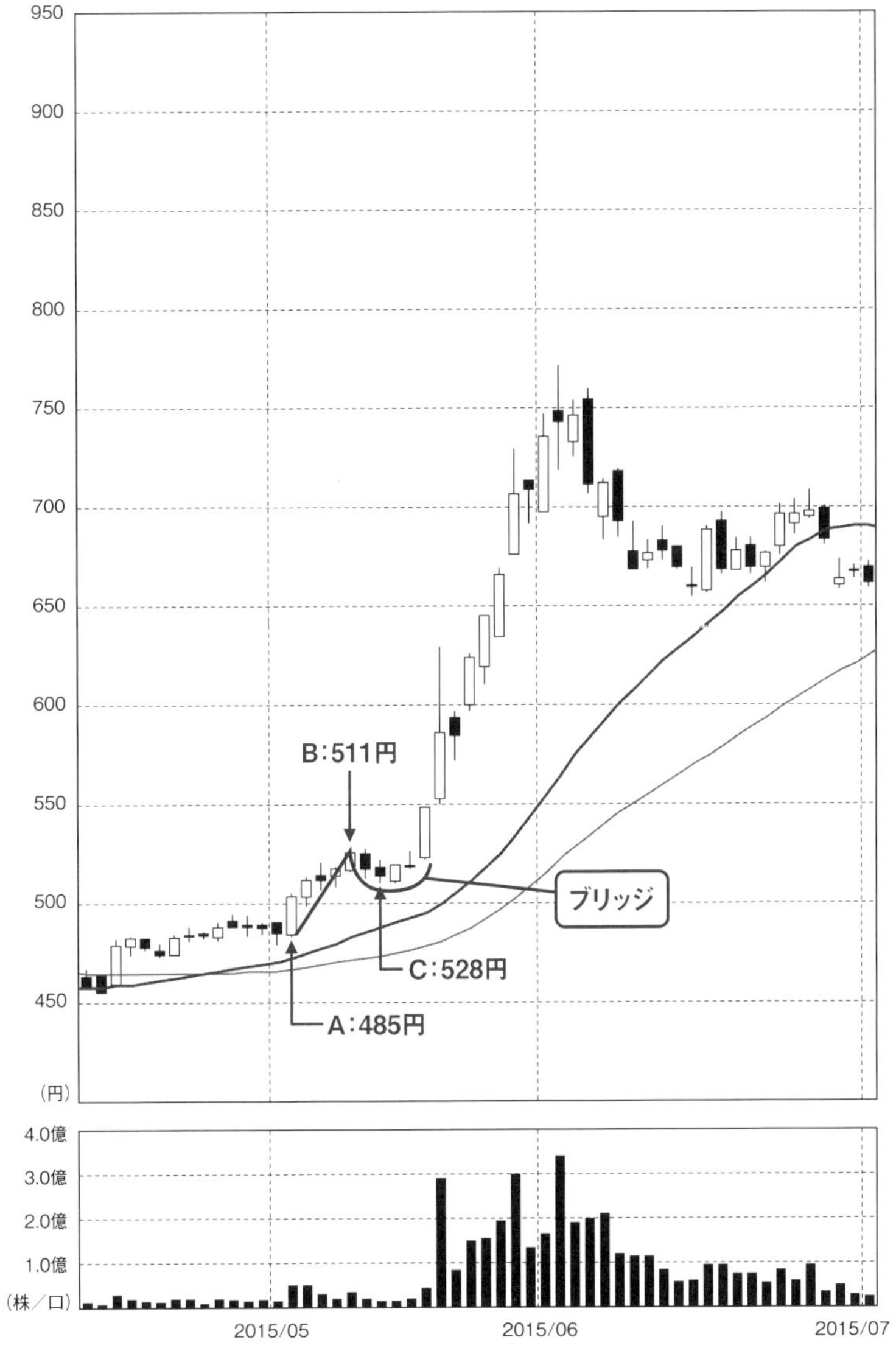

巻末資料❷ ■ 美脚チャート⑤「2日T」関西電力(9503)の日足

巻末資料❷ ■ 美脚チャート⑥「2日T」ソフトバンクグループ(9984)の日足

巻末資料❷ ■ 美脚チャート⑦「ソーサー」日本電気(6701)の月足

巻末資料❷ ■ 美脚チャート⑧「ソーサー」日本冶金工業(5480)の日足

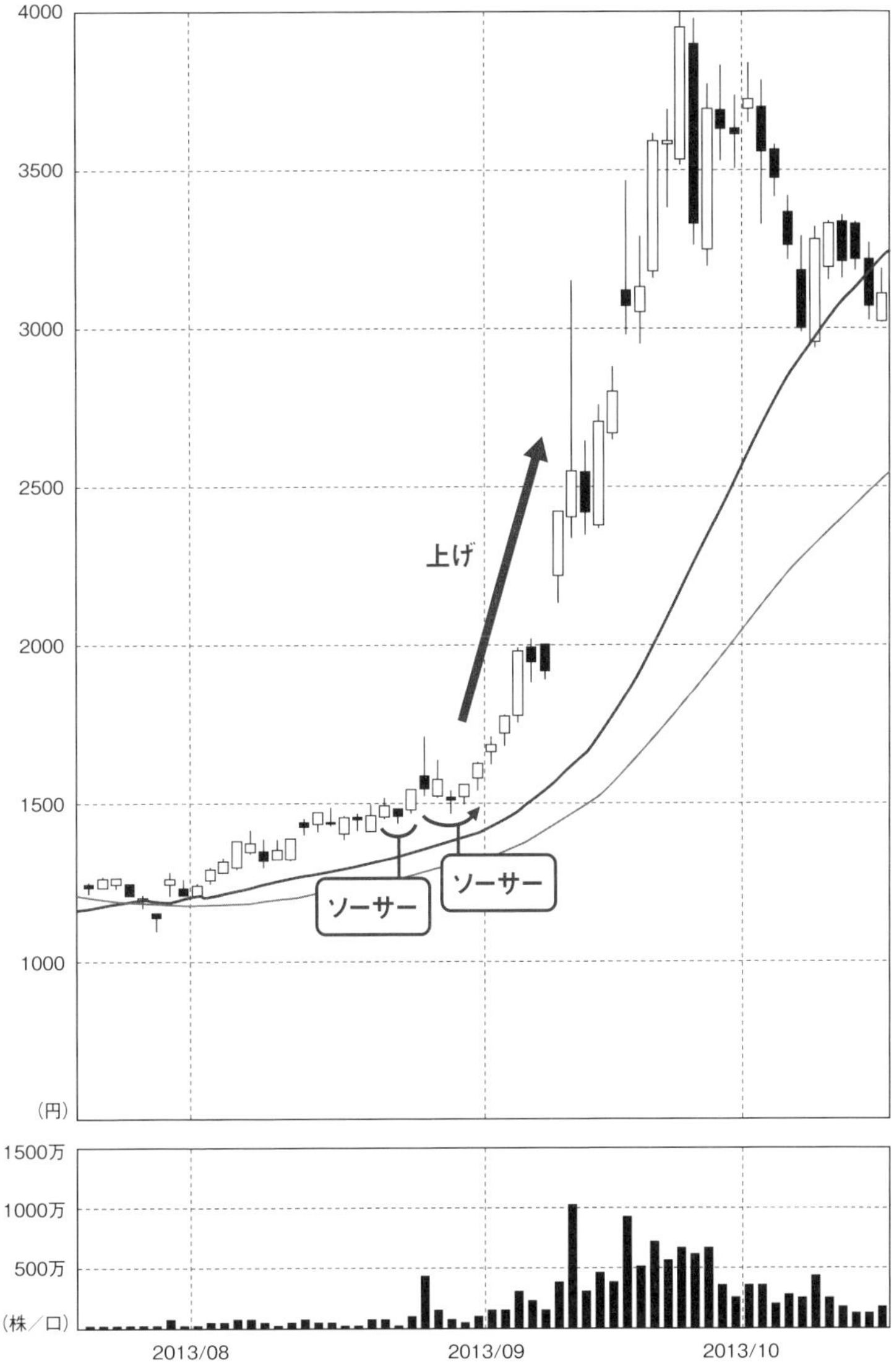

巻末資料❷ ■ 美脚チャート⑨「W」三菱自動車工業(7211)の週足

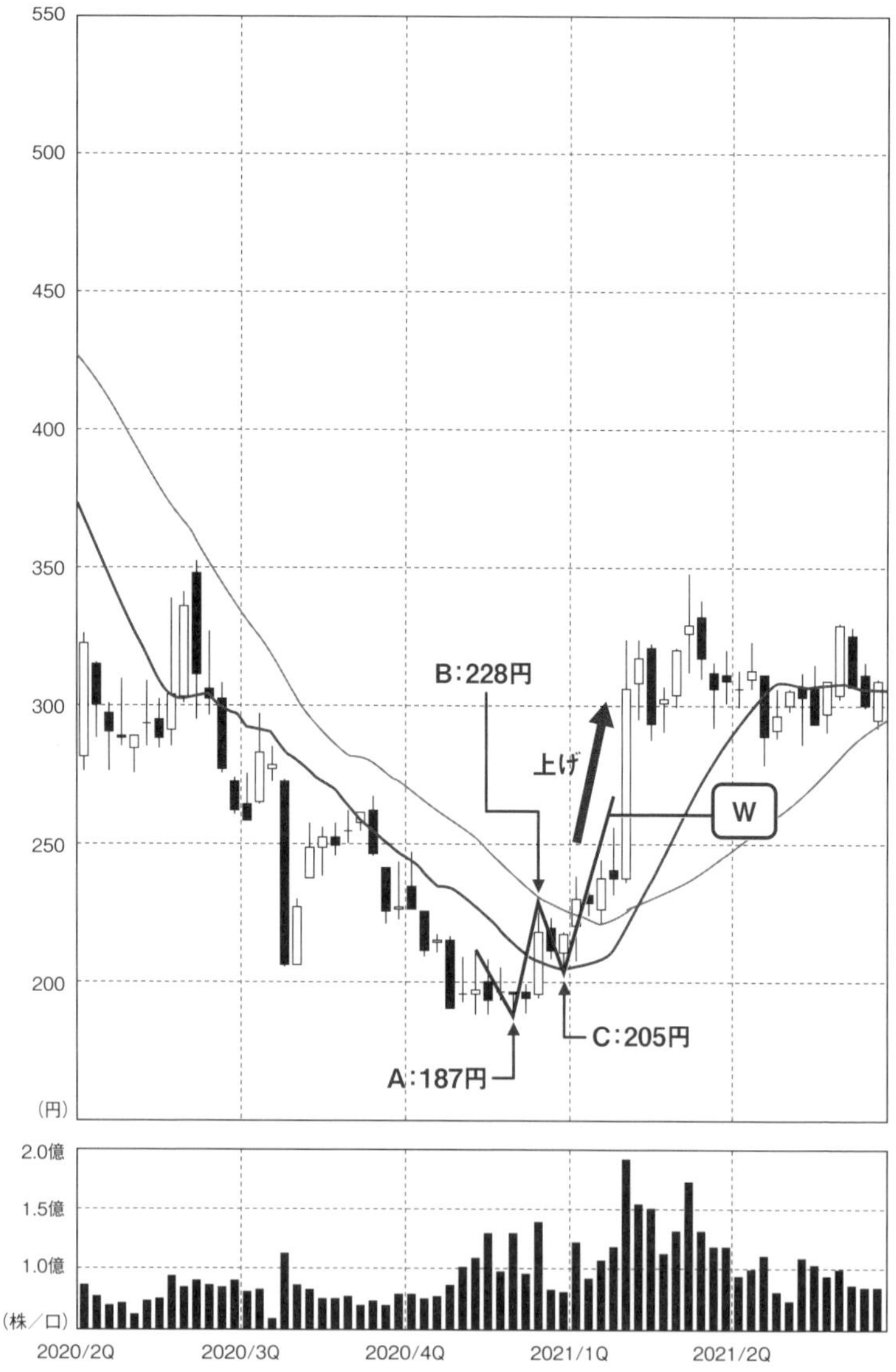

巻末資料❷ ■ 美脚チャート⑩「W」野村HD(8604)の週足

本書は『資産を100倍にする「株鬼流」真の教え』（小社刊）を
改訂したものです。

【著者紹介】

ザ・株鬼（ざ・かぶき）

◉——金融情報を提供する株式会社エイティフィンテックの代表パートナーで、株式投資サイト「ザ・株鬼」を運営するカリスマ相場師。1947年、東京生まれ。大学卒業後、証券会社に入社。チャート分析の有効性に気づき、さまざまなテクニカル手法を研究、株式相場の面白さに開眼する。証券会社退社後、株式投資をしながら相場研究を続け、自身の成功体験にもとづいた独自の株式投資法を編み出す。実戦においては資金を200倍以上に増やす。

◉——2000年以降、株式投資講座で「株鬼流」株式投資法を講義、個人投資家の育成に努めている。受講者は2500人を数え、著者の自宅道場で合宿指導を受けた内弟子は600人余り。内弟子の多くは資産100倍を実現しているうえ、なかには1000倍にした強者もいる。「株鬼流」は株式投資の流派であるとし、株鬼門下の人たちは「株鬼一門」と称する。「株鬼流」は、「株は格闘技である」と考え、常に強気の姿勢で相場と闘うことを信条としている。

◉——2020年10月から始めた日々の株式市況についてさまざまな情報を提供するnoteの「株で億万長者！　株鬼の投資塾」では、日刊記事と週刊記事を配信している。

note「株で億万長者！　株鬼の投資塾」

株式会社エイティフィンテック
https://at-fintech.co.jp

資産《しさん》を100倍《ばい》にする「株鬼流《かぶきりゅう》」仕掛《しか》けの超基本《ちょうきほん》

2021年11月１日　　第１刷発行

著　者——ザ・株鬼

発行者——齊藤　龍男

発行所——株式会社かんき出版

東京都千代田区麹町4-1-4 西脇ビル　〒102-0083
電話　営業部：03(3262)8011㈹　編集部：03(3262)8012㈹
FAX　03(3234)4421　　振替　00100-2-62304
https://kanki-pub.co.jp/

印刷所——新津印刷株式会社

　ISBN978-4-7612-7576-1 C0033